從明太祖肅貪四大案到劉瑾專權，由清廉開端至全面腐敗

冰火大明
鐵血與貪欲

人性、權力、貪腐
鮮活而複雜的大明帝國

黃如一 著

以明初四大案為起點，闡述貪腐逐漸抬頭的過程
詳實研究歷史文獻，深度探討明代清廉與腐敗的強烈反差

目錄

緒論

1 滌蕩乾坤：明太祖鐵腕肅貪
   1.1 得國最正的開國皇帝 012
   1.2 胡惟庸案 019
   1.3 空印案 026
   1.4 郭桓案 031
   1.5 藍玉案 033
   1.6 駙馬歐陽倫案 038
   1.7 世間再無明太祖 042

2 天裂之禍：太監王振的逆襲
   2.1 永宣盛世暗藏危機 046
   2.2 王振重啟太監干政 049
   2.3 天裂之禍 —— 土木堡之變 062
   2.4 病灶深處慢性病發 069

目 錄

3 奪門：連于謙都碾碎的貪廉劇鬥

3.1 一手補天裂 …………………………………… 080

3.2 宮鬥三人團 …………………………………… 088

3.3 奪門復辟 ……………………………………… 092

3.4 貪官一擊滅監察 ……………………………… 098

3.5 太監曹吉祥的野望 …………………………… 109

3.6 西湖於嶽雙少保 ……………………………… 120

4 紙糊內閣：沉默的轉折

4.1 不倫真愛萬貴妃 ……………………………… 129

4.2 太監帶回貪腐盛世 …………………………… 139

4.3 也有太監不貪財 ……………………………… 149

4.4 紙糊三閣老，泥塑六尚書 …………………… 160

4.5 動搖國本的唐伯虎作弊案 …………………… 172

4.6 沉默的轉折 …………………………………… 186

5 劉瑾：閹黨的登場秀

5.1 游龍戲鳳的風流天子 ………………………… 193

5.2 立皇帝的富麗皇莊 …………………………… 203

5.3 墮落的閹黨宰相 ……………………………… 215

5.4　被及時扼止的閹黨……………………………… 226

5.5　王陽明的龍場悟道……………………………… 241

目 錄

緒論

明朝是中國歷代封建王朝中相對清廉的一個,但翻開史冊,明代清廉與貪腐的鬥爭依然怵目驚心。

明太祖在明朝建立之前,就與輕微的貪腐行徑展開了殊死搏鬥,明朝建立後的「明初四大案」,更是面向一切貪腐苗頭無差別掃射,初始化了一個絕對清廉的明朝官場。同時,他那種鐵山般剛強冰冷的作風也深遠影響著大明的官僚隊伍,可以說塑造了明朝官場那種剛直凜冽的品格特性,讓這個五行屬火的王朝,在風紀方面竟透出一股凜冽的玄冰罡氣。然而,貪腐,這個人類社會最頑強的慢性病魔絕不會望而卻步,它最強大之處就在於無與倫比的耐性。除非你像秦、隋那樣二世而亡,讓它來不及復甦,只要你大明王朝國祚綿長,十年、二十年、一百年,慢性病魔一定會耐心地等待時機,重新崛起。

如果我們採取黑箱觀察,只看明朝的開端和結尾,其清廉與貪腐的對比會讓我們驚掉下巴。正因為有一個絕對清廉的特殊開端,最終卻走向了一個似乎比漢、唐、宋末世景象還要腐敗得多的場面,這種強烈的反差更加令人刺眼。漢、唐、宋的覆滅,其實更多的是出於一些軍事、政治甚至社會變革方面的因素,其自身的腐化墮落自然也是重要因素,但

緒 論

絕對不是唯一甚至不是最重要的因素。但明朝，卻完全可以說是一個全身肌體被貪腐啃噬得一乾二淨的王朝。

更令人不解的是，明朝由於國力強大，在覆滅前並未遭受過來自國外的重壓，也沒有出現過罕見的天災。相比漢朝與匈奴、唐朝與突厥、宋朝與契丹女真而言，明朝面對零散的蒙古部落和諸多南洋小國，實力對比要懸殊得多，在當時的世界上呈絕對領先狀態。如此良好的發展環境，最終卻不知不覺發育成一個腐朽不堪的皮囊，流賊振臂一呼，區區二十萬人的滿洲部落輕輕一捅，天下瞬間傾覆。很多人至此都不敢相信，這捅開的真就是曾經「遠邁漢唐」、「治隆唐宋」的大明帝國？

事實上，貪腐是一種慢性病，它恰恰不是急性發作。明朝雖然開端很清正，但在長期的發展中，步步走向貪腐，這是封建王朝不可避免的自然規律。這個發展週期往往很長，過程潛移默化，很多人注意不到。而明朝恰恰是因為沒有遇過特別引人注目的突發事件，所以容易讓人忽略它逐漸走向貪腐的細微過程。這好比一個身體特別健康的人，從來不生小病，一旦生了大病，就是致命絕症。然而，也正是因為排除了外力干擾，才能讓我們更加清晰地看到一個王朝由清轉腐，慢性病逐漸發展成致命絕症的全過程。所以，研究明代的貪廉劇鬥、冰火相侵，俯瞰它在不知不覺中走向沉痾的全過程更有裨益，

只不過，一個從絕對清廉起步的王朝，最終卻死於全面貪腐，這不得不說有幾分諷刺，更讓人覺得充滿了辛酸的惋惜與無奈。

緒 論

1

滌蕩乾坤：明太祖鐵腕肅貪

1 滌蕩乾坤：明太祖鐵腕肅貪

　　大明太祖高皇帝——朱元璋，號稱史上得國最正的開國皇帝。最底層的窮苦出身，從小受盡貪官汙吏的折磨，復仇之火從未在他心中熄滅。

　　這樣一顆耀眼的帝星在元末明初的汙濁亂世橫空而出，對貪官而言，是最刺耳的喪鳴。

　　洪武四大案，人頭滾滾。無論你是開國元勛，還是駙馬皇親；無論你是橫絕大漠擒回末代元帝的絕世戰神，還是承擔著讓龐大帝國順利執行的熟練文官。只要沾上一個字——貪，等待你的下場，就只剩下明太祖獨創的酷刑。

　　他身後，是一個鐵山般剛強但又似乎有些過於冰冷的大明王朝。人類社會最頑固的慢性病——貪腐，似乎從未遇到過這麼難纏的對手。

1.1 得國最正的開國皇帝

　　大元的鐵騎重炮橫掃歐亞，創造了人類歷史上罕見的武功，但它的治國水準又著實令人著急。蒙古奴隸主軍事貴族走出極北苦寒之地，占據了這花花江山，將馬奶粗襖換作美酒紅綾，奢靡享樂之風迅速瀰漫在元朝的統治階級中。上層的奢靡享樂，又豈能不靠下級官吏搜刮民脂、民膏來源源不斷地供應，所以，整個元朝的腐敗也可謂整個人類歷史上都

極其罕見的。也正因如此，人民紛紛揭竿而起，將不足百年的大元王朝淹沒在烽煙四起的狂潮裡。

最終推翻元朝，定鼎天下的是明太祖朱元璋。明朝的建立和以往的王朝多少有些不同，最核心的一個問題就在於開國皇帝的出身門第。以往的開國皇帝多是貴族出身，最不濟也是宋太祖（趙匡胤）這種出身中下層軍官家庭的。而明太祖卻是實打實的最底層，祖上世代務農，而且世代拖欠稅款，更不堪元朝下層官吏的壓榨，四處遷徙，逃避官吏的追索。僅從朱元璋的祖父一代算起，就已經輾轉沛縣（江蘇北部）、句容（江蘇南部）、泗州（安徽東部）、鍾離（安徽鳳陽）多地。游牧民族入主中原，漢民反而成了居無定所之人。每到一地，朱家都要受到當地官吏無盡的索取、壓榨。不幸的又豈止是朱家，原本中國最富庶的江淮地區，此時卻充斥著朱家一樣的流民。朱元璋就是在這樣顛沛流離、哀鴻遍野的環境中長大。事實上，朱元璋處於最底層，對暴政的根源——蒙古上層軍事奴隸主並沒有什麼直接接觸，眼中所見的反倒是他們的爪牙——基層貪官汙吏對人民的殘酷壓榨，從小就對貪官這個群體埋下了仇恨的種子。

元順帝至正四年（西元 1344 年），旱災蝗災齊至，饑荒四起。朱元璋的父母和三個哥哥都餓死了，朱元璋連安葬他們的費用都沒有，幸有鄰居劉繼祖幫忙安葬，這就是後來的鳳陽陵。朱元璋無依無靠，只能到附近的皇覺寺去當和尚，

希望能混口飯吃。但時逢饑荒，施主們自己都沒飯吃，哪來的餘糧進獻菩薩？皇覺寺的和尚們也只好紛紛外出化齋，也就是討飯，朱元璋在化齋過程中都餓暈了好多次。直到後來天下反元，朱元璋及時加入義軍，才吃上一口軍糧，鎮住了肚子。明太祖這種出身條件是任何一朝開國皇帝都不能比擬的，基層官吏貪腐帶給他的切膚之痛也是隋文帝、唐高祖這些門閥高第永遠不能體會的。

另一方面，明太祖反貪的底氣也比任何一個開國皇帝都要足，因為他得國最正，不欠誰的。明清多有學者論道：「自古得國之正，莫過於皇明高皇帝，非漢、唐、宋所及。」沒錯，漢高帝（劉邦）能當皇帝，少不了先秦六國貴族和漢初勳貴的支持，才推翻秦朝，又擊敗項羽；唐高祖（李淵）則是在關隴漢族門閥的支持下篡奪了隋朝；宋太祖（趙匡胤）更只是後周的中層將領，完全是在一幫禁軍兄弟的攛掇下篡奪了孤兒寡母的江山。他們首先是靠某些權力集團的支持當上皇帝，其次皇位得來不正，支持他們開闢王朝甚至篡位的人更不得不報答。報答的形式無非就是縱容他們斂財，斂財不就是靠貪嗎。大官貪，小官當然就跟著貪，一個貪腐的體系就形成了。這個體系或許你能治一治，但觸及不到根本，一般也就做做樣子而已。但這一次到明太祖這裡，情況變了。

不少人都會認為，開國元勳為王朝的建立立下了不朽戰功，相比之下，貪腐一點顯得微不足道，皇帝也不會因為開

國元勛貪一點點錢就不記功勛,不念舊情,真的對他們下狠手。很多開國元勛以及他們的子嗣,甚至門生故吏就是仗著這一點不斷侵蝕著國家的肌體,因為他們始終認為貪這點不至於推翻自己的功勛。歷代的皇帝也確實正是這樣放縱貪官的,客觀地說,這是一個歷史的痼疾,古已有之的慢性病。

但這一次情況真的變了。

其實關於這個問題,在打天下的過程中,朱元璋就已經非常注意,而不是等到明朝建立後痼疾長成了才來解決。

龍鳳四年(西元1358年),朱元璋與另一支明教義軍張士誠的內戰進入到關鍵時期。朱元璋遣簽書樞密院事胡大海率大軍進攻張士誠的策略要地婺州(今浙江金華),胡大海久攻不克,朱元璋又親率援軍來到婺州,最後一舉攻克。之後朱元璋讓胡大海率軍繼續進攻紹興,但胡大海剛開拔,婺州就發生了一件有點難辦的事——胡大海的兒子胡三舍貪汙軍糧釀酒。

戰爭時代糧食異常緊缺,用糧食釀酒是非常奢侈的行為,所以朱元璋嚴令軍中不得釀酒,違者以軍法論斬。但婺州攻克後,胡大海的兒子胡三舍和部將王勇等三人一高興,就想喝點小酒慶祝,苦於軍中無酒,於是利用職權之便,取了一點軍糧來釀了一點酒喝。此事被朱元璋得知,勃然大怒,立即要依法將三人處斬。胡大海的都事(祕書長)王愷見要斬他老闆的少爺,慌忙找到朱元璋,力陳不可。其實王愷

也未必完全是出於私心，他勸得確實很有道理。

當時的形勢是朱元璋、張士誠、陳友諒三家爭奪南方義軍的統一，朱元璋實力略強，但又地處南京江淮一代，處於江浙的張士誠、湖北的陳友諒兩家夾擊之下，形勢還沒有徹底明朗，胡大海這種等級的戰將並非只有在朱元璋這裡才找得到工作。

此時胡大海正帶著主力部隊去攻打張士誠，你偏偏宰了他兒子，且不說他極有可能會帶著大軍投敵，就算不投敵也難免動搖他的軍心。更深入一點講，當時朱元璋離開南京大本營，來到胡大海主管的婺州前線，而胡大海帶著主力在紹興作戰，無論他投敵還是潰敗了，張士誠都會向婺州撲來，朱元璋跑都來不及跑。也不知到時候遍布婺州的胡大海部將，會不會把朱元璋捆起來進獻給張士誠，所以此時殺胡大海的兒子顯然並不明智。事實上有一個不錯的折衷辦法——先把胡三舍收監，等胡大海打完這一仗回來，再行論罪。是的，一般人都會這樣考慮。

但朱元璋不是一般人。

朱元璋只說了一句：「寧可使大海叛我，不可使我法不行。」不但要立斬胡三舍，而且還是親自拔刀斬了！

嚴懲違法亂紀的貪腐行為，不為任何外部因素所擾！要反腐，就要有這樣的氣度！

事實上，朱元璋的這種決心氣魄這也不能簡單地以什麼

雄才大略、心胸氣度來解釋，而是他確有更長遠的打算。貪腐對國家，對政權，並非衝擊性的傷害，而是一種侵蝕性的慢性病。很多王朝先天帶病，但世間本無盡善盡美，對於很多封建統治者而言，帶點貪腐這種小毛病，問題並不大。更何況，貪腐最直接的受害者是百姓，又不是統治者自身。有些統治者恰恰還要放縱一點貪腐，以換取權貴的支持。所以很多人也認為，對於極低程度的貪腐，最高統治者完全能夠容忍。

我們不妨從更陰暗一點的角度來揣度，不僅是老朱，其實小胡也有更長遠的打算——分析測試一下未來的皇帝。

當時離明朝建立還有十年，很多人已經能夠大致預料，朱元璋將在不遠的將來成為皇帝，胡三舍也將成為開國勳貴。開國勳貴們提著腦袋打江山是圖什麼？可能有些人是確實為了更崇高的目標，但也不排除有些人帶著打下花花江山供自己享用的思想，比如胡三舍。那未來的老朱皇帝會容忍開國勳貴們到何種程度？這個就需要透過實驗來確定。小胡就從貪汙少許軍糧試起，如果老朱容忍了，那下一步可能就是貪汙大量軍糧，再下一步是貪汙軍餉，再下一步是盜賣軍資……走到某一步朱元璋受不了，問責下來，這便可以判斷他大致的容忍邊界了。有了這些實驗數據作支撐，才好為明朝建立後大規模開展貪腐活動時，到底撈到什麼程度提供依據。客觀地說，胡三舍這個實驗方案既符合科學方法，也符

合自古以來官場慣例，而且僅就這一步來說實驗還滿成功，得到了很明確的實驗結果——儘管這或許並非他想要的理想結果，但至少是一個很明確、足以形成論斷的結果。如果當時有 SCI，絕對可以發一篇高影響因子的 cover article——當然，第一作者的名字要打上一個框。

稍微有點意外的是實驗結果出得太快，第一步就大大突破了朱元璋的容忍邊界，還搭上了一條小命。而當那些抱著和胡三舍類似心理的人看到他這篇 SCI，一定非常震撼，當然這也正是朱元璋想要的效果。他冒著被胡大海叛變的巨大風險，親手斬殺只有輕度貪腐行為的胡三舍，向所有開國勳貴亮明態度——我的容忍度就是零容忍！我不怕我的大將擾亂軍心，我不怕他臨陣叛降，我不怕他反戈一擊，我甚至都不給他一個機會求情，就在他率領大軍拚殺在前線時宰了他的親兒子！只因他兒子沾上一個貪字，這就是我對違法亂紀行為的態度，這就是未來大明王朝對貪官汙吏將要採取的態度！

當然，貪官是沒有被嚇退的，即使面對朱元璋這樣史所罕見的對手，他們仍會做困獸之鬥。事實上，明朝畢竟接手了元代的官僚體系，其腐朽程度同樣史所罕見。明朝建立後，貪官汙吏開始逐漸冒頭，明太祖殘酷鎮壓，最具代表性的莫過於「明初四大案」，牽連者恐在十萬以上，甚至牽連到民間大戶，可以說是拿著新王朝統治根基做賭注的刮骨療

毒。這場對決，實則比徐達、常遇春摧枯拉朽般推平元軍的戰爭更要激烈百倍！

1.2 胡惟庸案

嚴格地說，「明初四大案」中第一案——胡惟庸案，並不是一個典型的貪腐案，史家更多地將此案解讀為明太祖為了集權，而與官僚集團展開的政治鬥爭。但其實在此案中胡惟庸及其黨羽也隱約暴露了一些貪腐問題，而且他們結黨爭權，目的還不就是為了營私，只不過還沒來得及走到大規模斂財那一步就被皇帝鎮壓了而已。所以，胡惟庸案也可以說是明太祖鐵腕治貪的一個熱身。

胡惟庸此人其實在開國戰爭中並無突出表現，一直在後方擔任主簿、知縣之類的地方小官，從未立過戰功，甚至史料都無法考證他的出生年分。但胡惟庸是個很善於鑽營的猾吏，而且確實有較強的行政事務能力，更重要的是抱上了濠州（今安徽鳳陽）老鄉李善長的大腿。

李善長被明太祖譽為開國第一功臣，甚至在戰神徐達之上。明初以中書省為中央政府，理論上長官應是中書令，但實際上未實授，而由左右丞相共同主持工作，首任左丞相便是李善長，徐達屈居右丞相。事實上徐達還要兼征虜大將軍

（明軍總司令），長期駐紮在北平（後來的北京）與北元（蒙古流竄回到草原的殘餘小政權）作戰，極少干預朝政，所以明初幾年都相當於是李善長獨相，在明廷地位超然。李善長更將胡惟庸引為朋黨，糾集一些淮西籍貫的官員，形成所謂的淮西鄉黨，與另一位寵臣劉基（劉伯溫）的浙東鄉黨進行政治鬥爭。這便是胡惟庸的拿手好戲了，他很快鬥倒了浙東鄉黨，自己也在李善長的一力舉薦下平步青雲。

明太祖洪武四年（西元1371年），大明首席開國元勳——太師、韓國公、中書左丞相李善長退休。但貪權戀棧的李善長是典型的退而不休，他退休前極力舉薦胡惟庸出任中書右丞。右丞是右丞相的副職，是中書省的次級領導者。李善長也一直利用自身的巨大影響力，從人際關係層面干預朝政，與胡惟庸形成前後臺配合。

洪武五年，徐達率軍北征蒙古，不料兵敗，傷亡數萬。雖然明太祖念其功高，未加責罰，但徐達本人堅決辭去了中書左丞相之職，留在北平專心治軍。不過中書右丞相汪廣洋資歷較淺，再加上李善長極力反對，未能遞補為左丞相，僅以右丞相身分主持工作。而李善長、胡惟庸暗中勾結，挑起汪廣洋和中書左丞楊憲（浙東人士）的鬥爭，兩敗俱傷，最後楊憲被殺，汪廣洋被貶為廣東參政（副省長），胡惟庸則順利晉為右丞相，雖然暫未官至左相，但實為獨相。洪武十年（西元1377年）七月，胡惟庸終於正名為左丞相，但明太祖

又召回了汪廣洋重為右丞相,想對他形成一定程度的牽制。不過此時的汪廣洋已經對官場心灰意冷,重回中書省卻終日沉湎酒色,不理政事,所以,從洪武五年至十三年,實質上一直是胡惟庸獨秉中書,並且始終得到李善長的幕後支持,炙手可熱。

在這漫長的專權過程中,胡惟庸少不了官場上的陰謀詭計,他最常用的手法正是以小利誘人,召集一幫心懷不軌的貪官汙吏聚攏在自己身邊,形成集團勢力,對忠臣良將進行打擊傾軋,從而實現集團利益。尤其是一些為明朝的建立立過戰功,但明朝建立後不適應法治的武夫,他們在因不守法紀而受朝廷責罰後,不認為是正當的法紀懲處,卻認為是失去了皇帝的寵信,懼而向胡惟庸求助,所謂求助的方式無非就是賄賂金帛駿馬、奇珍異寶。胡惟庸大肆收受,並將他們都引為朋黨。

其實這類人中不乏真正的開國功勳,比如吉安侯陸仲亨,明朝建立前曾任朱元璋麾下左翼統軍元帥,攻克過太平(今安徽當塗)、集慶(即南京)等重鎮,並且是最終戰勝陳友諒的主要將領。明朝建立後有一次陸仲亨從陝西回南京,擅自使用了沿途驛站的車馬。驛站是明朝的公共運輸體系,陸仲亨本身有朝廷配給的官車,但他可能嫌不夠舒服,想坐四匹馬拉的大車,便從驛站中取了貨車改裝成座車,並用驛站的馬拉著跑。明太祖知道後大怒,痛斥他:「戰亂之後人民剛

剛復業，驛民買馬何其艱難。如果大家都像你這樣，人民就是將子女全部賣掉，也不能供給！」罰他到代縣去當警長，追捕盜賊。

另一個類似的是平涼侯費聚，明朝建立前曾率軍攻打張士誠、方國珍，並攻克西安，明朝建立後又率軍平定大理，戰功猶在陸仲亨之上。但明朝建立後費聚便生活奢靡，遭到明太祖責罵。這些人一旦遭到皇帝的責罵，便認為自己失去了寵信，並且見識了皇帝親斬胡三舍的果決，惶惶不安，很容易聚在胡惟庸身邊。胡惟庸首先收受他們的賄賂，再故意讓他們去做一些不法之事，讓他們死心塌地地成為自己的附庸。這些人在軍中又極具人脈，為胡惟庸廣植羽翼，甚至組織私人武裝，漸漸有了不軌之心。

另外一個權力部門御史臺也很重要。御史臺是糾察百官，向皇帝和輿論揭發官吏不法行徑的部門。作為權臣，如果頻頻遭到御史們的攻擊也是很麻煩的事。胡惟庸培植的頭號親信正是御史大夫陳寧，陳寧在明朝建立前一度表現得非常正直，朱元璋攻滅張士誠後，陳寧出任廣德知府，代為當地人民請願，免除租稅。當時軍費異常緊張，朱元璋不肯。陳寧便親自上奏：「民間饑荒到了這種程度，還要徵稅不已，這種做法與張士誠壓迫人民無異，下場也會一樣！」朱元璋終於答應了他的要求。

但明朝建立後陳寧一改之前的作風。洪武三年（西元

1370年），陳寧出任蘇州知府，追索賦稅異常苛刻，甚至經常用烙鐵燒人，人贈外號「陳烙鐵」。朱元璋得知此番情形，腦中不由得浮現出當年他家人被元朝基層官吏追索壓榨的慘痛回憶。別說，陳寧在參加義軍之前，還真就當過元朝的小吏，這難道是他忍耐許久的本性再次發作了？其子陳孟麟勸父親不要如此凶殘，竟被陳寧活活打死！明太祖得知後更加厭惡陳寧此人，但胡惟庸卻覺得此等酷吏正是他急需的「人才」，將其提拔為御史中丞（御史臺的祕書長），並很快提拔為左御史大夫（御史臺一把手）。有了陳寧把守御史臺，胡惟庸可以做到想打擊誰就打擊誰，而誰要打擊他，陳寧則會在御史臺把彈劾的奏章壓下。

至此，胡惟庸完成了中書、軍隊、御史等各大方面的布局，愈發跋扈。對於仍不肯阿附於己的正直官吏，胡惟庸則打擊傾軋。禮部員外郎吳伯宗，大明第一屆狀元，並且參修過《大明日曆》，是一位傑出的天文學家。吳伯宗不願阿附胡惟庸，胡惟庸便懷恨在心，指示爪牙誣陷吳伯宗，將其貶到鳳陽。但吳伯宗沒有被嚇到，繼續上書，論胡惟庸「專恣不法，久之必為國患。」胡惟庸更加懷恨在心，多次構陷吳伯宗。所以吳伯宗儘管才華橫溢，並且深得明太祖欣賞，卻多次起復，又多次被貶，最終死於翰林檢討（從七品）任上。

若說吳伯宗還只是個文弱書生，徐達卻是大明第一戰神，為了專權，胡惟庸甚至勇於向他伸出黑手！徐達在北平

1 滌蕩乾坤：明太祖鐵腕肅貪

聽聞胡惟庸的種種行徑，非常厭惡，但也並未與他挑起戰端，只是在與明太祖見面時偶爾提及此人奸惡。胡惟庸得知後懷恨在心，但他無法在檯面上與徐達相爭，於是企圖收買徐達的守門人福壽，想謀害徐達！雖然此事未能成功，但可見胡惟庸已經陰險凶殘並且跋扈到了何種程度！洪武八年（西元1375年），劉基偶感風寒，明太祖特命左丞相胡惟庸帶御醫前往診治，以示恩寵。結果胡惟庸卻趁機下毒，毒死了被明太祖譽為「小諸葛」，在明朝建立的過程中功勞極高，更在民間享有盛譽的劉基。胡惟庸一個明朝建立後才靠投機鑽營倖進的丞相，居然敢連續向徐達和劉伯溫伸出黑手，可見權欲薰心，已非人理可度！

不過明太祖也開始察覺到了胡惟庸的種種行徑，尤其是已經糾集起了一個貪腐集團，漸漸生了收拾他的念頭。胡惟庸也漸漸察覺到皇帝準備收拾他，雙方的鬥爭開始進入白熱化。胡惟庸不但私養死士，勾結諸多將領，還與蒙古、倭寇勾結，準備起事。洪武十二年（西元1379年）九月，占城國（在今越南南部）來朝貢，胡惟庸接待後卻不稟報皇帝。明太祖大怒，胡惟庸與禮部互相推諉責任，明太祖更加憤怒，下令徹查，結果中書省、禮部的很多官員都因此下獄，右丞相汪廣洋甚至被賜死。汪廣洋死後一些貪腐行徑又暴露出來，明太祖繼續追查，到後來事情越鬧越大，六部都有官員被牽連進來。案子一直拖到第二年正月，胡惟庸的親信御史中丞

塗節在接受調查時，供認了胡惟庸和陳寧有謀反行徑。明太祖查實後盡誅胡惟庸、陳寧、塗節等人。

　　胡惟庸雖死，但他的黨羽還很龐大，朝廷繼續追查餘黨，歷時多年不止，其中最大的一個自然是李善長。胡惟庸死後名義上已經退休的李善長還在上下其手，銷毀線索，庇佑胡惟庸的餘黨（因為他們本就是一黨）。當初，胡惟庸和北元大臣封績勾結謀反，但封績早已逃至漠北，線索斷了。意外的是，洪武二十一年（西元1388年），征虜大將軍藍玉率十五萬大軍北伐，在著名的捕魚兒海戰役中俘獲了整個北元小朝廷，其中就包括封績。但李善長居然將封績隱匿起來不報告皇帝。直到洪武二十三年（西元1390年），明太祖才終於得知封績早已被俘，卻一直為李善長所匿，頓時勃然大怒，將李善長誅族。時至洪武二十五年（西元1392年），最後一位涉案高官——靖寧侯葉升被殺，明初四大案之首的胡惟庸案已歷經十二年，總算了結。十二年間，被殺的共有公爵一名（李善長），侯爵至少九名（陸仲亨、唐勝宗、費聚、趙庸、金朝興、葉升、毛麒、李伯升、丁玉），伯爵以下勛臣、丞相、平章、尚書、侍郎等官更不可勝數，《明史》稱牽連被殺者略計有三萬（包含被誅族的家屬，但此數有嚴重誇大）！事實上，此案甚至可以牽扯到240年後。明思宗崇禎三年（西元1630年），李善長十世孫李世選奏稱家中藏有明太祖詔書，許諾李善長後代隔九世後可恢復爵位。明思宗

（朱由檢）遣首相韓爌等調查後發現此為偽詔，將李世選處死。真是仇隔九世必報，好不容易當了漏網之魚，何必又要送死？

後世很多人不認可胡惟庸案是一場鐵腕治貪的反腐行動，而將其歸結於政治鬥爭，當然也不無道理，因為胡惟庸的黨羽多是以謀反就戮，貪腐行為偶有閃現，但比起謀反而言似乎不算多大事。但恰如前文所說，在明太祖眼裡恐怕就不是這樣看，胡三舍只貪汙了一丁點兒軍糧就被他親手處斬，這些人的輕微貪腐行為就更不能得到容忍。至於他們後來結黨謀反，其實也是害怕因貪腐而遭重罰，才孤注一擲。如果換成一個對貪腐略為寬容的皇帝，或許就走不到這一步，而是將貪腐行為緩緩展開，漸漸侵入國家的肌體之中了。

真正重要的是，正在準備著享用花花江山的廣大貪官汙吏們這下搞清楚了──朱元璋這人並非只在打天下的時候狠，坐天下更狠！尤其是對他們這種貪官汙吏最最最狠！

1.3 空印案

第二個大案便是空印案。所謂空印，是指在空白的文書上蓋印，然後想怎麼填就怎麼填。此案源於明朝當時的地方

財政審計制度，明朝的地方行政制度是在十餘個區域（實際上相當於省）分別設立都指揮使司、承宣布政使司、提刑按察使司三個衙門，分別主管軍事、行政、司法三大職能。另有都察院派駐的監察御史，對他們實施監察。布政司主管行政，其中最主要的是財政，每年有一項很重要的工作便是審計本區內各府、州、縣的財政收支，年終到戶部彙總。這需要布政司的官吏在本地先做好帳，再蓋上本司的官印，然後帶到南京來核對。

這乍一看也不是什麼難事，但以當時的交通、通訊條件則有一大難處 —— 財政審計非常嚴肅，核對時若有什麼不符，戶部就要打回重新造冊，重新蓋印才能提交。布政司的官印一般也不便帶離，所以負責去戶部對帳的官員就得跑回原地，蓋好章再跑到南京，如果又有不符還得這樣再跑。很多人覺得這太麻煩了，於是有人就想出了應對之策，即布政司在空白書冊上先蓋好印信，帶到戶部去，和戶部核對後，「抹平」了帳目，造一本完全符合「要求」的帳冊，報了當年的帳。這其實亦非明吏原創，而是元代便早已有之的慣例，被明吏沿用。明朝建立多年，也沒有任何人指出有何不妥。直到洪武八年（西元1375年），明太祖才終於發現有這麼重大一個漏洞。

這事或許在很多人看來只是小吏偷奸耍滑，甚至很多人認為是交通、通訊條件所限的折衷辦法，但在明太祖眼裡

又豈能容下？帳目這玩意兒，是多少就多少，如果有什麼不符，那就應該說明不符的原因，而不是去把它改得來「符合」。這帳目改了不就是做假帳嗎？做假帳難道不該法辦嗎？更重要的是，戶部明明知道各地這樣做假帳，卻給予了長期默許，這不是中央地方官僚合夥坑蒙朝廷嗎？而且財政年度結算可以這樣作假，那什麼帳不能這樣作假？

明太祖很生氣，下令徹查。其實這也很好查，首先，漢字的「一」、「二」、「三」等數字很容易添筆，但添的筆畫也不難辨認，但凡有添筆的都是改了帳目；其次，印章用紅色印泥，帳目用黑色墨水。如果是先寫好再蓋章，那紅泥就應該在黑墨之上，反之則會有墨水寫在印泥上方的情況，這種就可以判斷屬於「空印」行為。空印案也為後世立了兩個新規：首先，帳目不能用「一」、「二」、「三」這樣的所謂小寫數字，更不能用阿拉伯數字，而要用「壹」、「貳」、「叄」這樣的所謂大寫數字；其次，蓋章必須「朱在墨上」，即紅色印泥必須蓋在黑色墨水上方，以證明是寫好了字之後才蓋的章。這兩個制度一直沿用到現代，仍是財務和公文制度最基本的原則，充分說明是非常正確的規則。

明太祖洪武九年（西元 1376 年），明廷大索空印案，其實結果很簡單——全國所有布政司都存在空印行為，全部有罪。朝廷判決戶部主要官員和每個布政司、府、州、縣掌管財政印章的人一律死刑，副官杖責一百，流放充軍。此案被

殺的官吏據稱亦以萬計，可以說將整個財政系統殺戮殆盡。客觀地說，這已經動搖國本。尤其是在明朝建立九年，以經濟建設為重的時代，這樣無差別掃射財經系統，是非常可怕也難以理解的事。

時任湖廣按察使僉事（主管司法的助理官員）鄭士利上書為空印案求情：「管帳的官吏們不容易，從省府去戶部六七千里，往返奔波根本不現實，先印後寫只是權宜之計，而且這樣做了很久了，何足深罪？何況立國至今，未嘗有空印之律，有司承襲這種做法，不知這是犯罪。朝廷求賢士來當官，得之甚難。當到知府、知州，都是幾十年的成就，豈能視作草芥？陛下怎能用不足為罪的罪名，壞了這麼多足用之才？臣竊為陛下感到惋惜！」

喂，鄭大人，您口中所說的這些足用之才，比胡三舍──哦還有他爹更足用嗎？

鄭士利的說情之辭看似懇切有理，實則鼠目寸光。朝廷培養官員當然不易，能當到知府知州的也堪稱能吏，但能吏就可以貪腐？鄭士利前一段還只是說情，後一段則有點暗藏要挾的意味，這更是貪官們最常用的一個辯詞──我們是行政體系的棟梁，就算有輕微的腐敗，但不至於垮掉，您現在懲治大家，豈不是拆毀整個棟梁體系？所以皇帝您應該容忍我們這一點點貪腐，這也是為了您的江山著想呀！

為了上層統治集團的政治支持，為了下層行政體系的完

整,總之就是為了保持統治,貪腐就應該被容忍。是的,很多人都是這樣想的。

其實鄭士利之後,為空印案辯解的人還有不少,稱空印案是一個大冤案,甚至時至今日,國外都還不乏為之雄辯者。《劍橋中國史》便稱,錢糧在運輸過程中難免有損耗,所以從運送一直到戶部接收時的數字不可能完全相符,在路上到底損耗了多少,官吏們無法預知,只有到了戶部將要申報時才能知道其中的差額,所以派京官員都習慣用空印文書在京城才填寫實際數目。這些辯解表面上都有不無道理,但實則都是站在對貪腐相當寬容的立場。貪腐這種行徑,在強盛的明初當然看起來不足為道,但這種病毒侵入肌體,對帝國的侵蝕卻是積重難返。明朝後來就非常流行火耗、漂沒、羨餘等看似輕微的貪腐行為,正如《劍橋中國史》所辯,運輸過程中「難免」有些損耗,官吏們便巧立火耗、漂沒等各種名目,讓這種「損耗」越來越大,到明末甚至出現稅款十之八九歸了火耗,朝廷收不到稅;而朝廷派出的軍餉十之八九歸了漂沒,導致前線譁變。這些亂象的根源不正是在空印案便早早埋下,太祖懲治得狠一些,讓這些亂象晚一些出現,國家便多強盛一些,國祚也延續得長一些,此等宏圖大計又豈是鄭士利之輩所能窺見?

若說胡惟庸案只是清理上層高官,空印案則是更深一步,徹查了整個財政系統,更將懲治的範圍延伸至更基層的官吏,

是對整個行政體系的猛烈滌蕩。這在很多人看來已經是史所未見的鐵腕肅貪，但下一個案子又會讓他們有全新的認識。

1.4 郭桓案

郭桓，當時實在只是個小蒼蠅，死前雖官至戶部侍郎，但在徐達、藍玉、王保保、李善長一眾巨星雲集的時代著實不算個人物，他萬萬沒想到，自己的名字會以一個著名的貪腐大案名垂青史，甚至與深入極北終結大元的戰神藍玉相提並論。

明太祖洪武十八年（西元 1385 年），離空印案已有十年之久，被腐敗案滌蕩的財政系統逐漸恢復了元氣，然而此時御史餘敏、丁廷舉告發戶部侍郎郭桓勾結北平承宣布政使李彧、提刑按察使趙全德在賦稅問題上舞弊，私吞國稅。明太祖下令調查，這一查不得了，原來北平還不是孤案，全國各地都在通用這些模式，根據御史和司法系統的徹查，貪官們主要採用了以下幾種模式。

（1）戶部以各種理由減免地方政府的稅額。被減免的部分自然也不會退還給百姓，而是被地方和戶部官員私吞。

（2）戶部直接私吞地方政府上繳的稅賦。比如浙江本應上繳 450 萬石（約合 42.3 萬噸）秋糧，戶部只向國庫上繳 200

萬石,其餘則盜賣中飽私囊。

(3) 巧立名目,加徵水腳錢、口食錢、庫子錢、神佛錢等稅種,但不上繳國庫,而由稅官私分。

其中,最容易查實的是第二種模式,即盜賣官糧。據查,當年各布政司共盜賣 2,400 萬石(約合 225.6 萬噸)稅糧。另外幾種模式由於金額太過零碎,已無法查清到底貪墨了多少。更重要的是,這一次牽連面更廣,因為減免賦稅、加徵稅種等問題並非戶部一個系統就可以包辦,刑部、工部甚至御史系統都牽涉其中。而盜賣官糧是賣給誰了呢?不會是戶部和刑部互相賣,而是要賣給民間的富戶才能換成現金,所以這一次如果真要徹查,就不僅是行政系統的問題,還要深入到財主這個階層,這就真的是要動封建王朝的統治根基了,歷史上絕無如此肅貪的先例。

但,這一次是明太祖。

明太祖一方面要求徹查涉案官員;一方面竭力追贓,被貪官低價盜賣給富戶的官糧都要索回。最終,被牽連處死的有禮部尚書趙瑁、刑部尚書王惠迪,工部侍郎(主持工作)麥至德三位公卿,六部侍郎以下不計其數,誅殺之烈,更甚空印案。更引人矚目的則是追回官糧 700 萬石,那些收購贓糧的富戶雖不負刑事責任,但贓物均被沒收,血本無歸。有些商家貸款大量收購低價贓糧,這下徹底破產,「核贓所寄借遍天下,民中人之家大抵皆破(核查出涉及借貸的贓款遍及天

下，民間中產以上的家庭大多破產）」。

官員畢竟是統治集團的塔尖，民間富戶才是統治階級的龐大根基，歷代懲貪肅政有整頓塔尖者，卻從未有像空印案那樣動搖骨架的，更沒有郭桓案這樣猛擊底座的做法。千萬不要認為 2,400 萬石只追回 700 萬石是很溫柔的做法，這在經濟犯罪中其實已經相當凶猛，以至於矯枉過正，一些合法商家也被牽連。當然，還有一些司法系統官員，居然敢刀口上舔血，趁查案之機上下其手，利用盜賣官糧的帳物、贓款的帳目混亂從中漁利，甚至將一些合法商家牽涉進來，想藉機敲詐勒索，有些帳目至今在史料記載中都是一筆糊塗帳。

最後，明太祖下詔：「朕詔有司除奸，顧反生奸擾吾民」。將負責查案的右審刑（法院副院長）吳庸等官員處死，此案才逐漸平息。但也可見在追查此案深入到商家這個階層時，司法系統非但沒有保留，甚至還用力過猛。胡惟庸案、空印案已經讓人嘆為觀止，現在貪官貪民們完全傻眼了。真正令腐敗分子膽寒的是 —— 明太祖治貪的鐵腕，下一個將掃向誰？

1.5 藍玉案

胡惟庸、空印、郭桓三大案，明太祖依次滌蕩了高官、行政系統、民間富戶三個階層，這已經大大超出了歷代肅貪

1 滌蕩乾坤：明太祖鐵腕肅貪

的極限，現在鐵腕還將掃向何處？答案是軍隊。

長槍在手，天下我有。武裝力量永遠是最最根本的權力根源。軍隊其實耗資巨大，貪腐的空間也不少，但自古以來卻絕少有人在軍中開展大規模肅貪，原因很簡單，只要你在政治上忠於我，軍事上能打勝仗，貪一點是可以容忍的。有些君主甚至會適當地放縱將卒劫掠、貪墨一點，以換取他們的政治支持。是的，自古以來都是這樣。

但自古以來，來到明太祖為止。

明太祖恰是一個能在胡大海浴血前線時殺他兒子的角色，某些大將軍用兵如神，卻低估了皇帝肅貪的決心。

藍玉，開國名將常遇春的妻弟，明朝建立前年紀較小，在開國戰爭中尚未有立功的機會，但深得常遇春真傳，從小就展現出一代名將的潛質。明朝建立當年常遇春病逝，明太祖悲痛萬分，決心培養藍玉繼承常遇春在明軍中的地位。藍玉也不負眾望，多次隨徐達、馮勝、傅友德、沐英等名將出征，轉戰蒙古、四川、西藏、雲南，清掃元朝殘餘勢力，屢立功勳。洪武十二年（西元 1379 年），藍玉封永昌侯。洪武二十年（西元 1387 年），拜征虜右副大將軍，隨虜大將軍馮勝、虜左副大將軍傅友德北征北元太尉納哈出。明軍大破納哈出，殺平章果來，生擒其子不蘭溪，最終納哈出投降。納哈出是北元殘餘勢力中最強的一支，此戰本是大功，然而還未及論功行賞，馮勝卻被人告發私吞繳獲的大批良馬，並向

納哈出之妻索賄，強娶蒙古王子的女兒。可能很多人覺得這種事發生在馮勝這種級別的大將身上不足為道，但明太祖卻不能容忍，免了馮勝的職位，從此退出指揮系統，麾下將士均不得賞。藍玉卻趁機官拜虜大將軍，躍升為明軍總司令。

次年藍玉便迎來了他軍事生涯的巔峰。洪武二十一年（西元 1388 年），元順帝（奇渥溫・孛兒只斤・妥懽帖睦爾）之孫脫古思帖木兒嗣位，史稱北元後主、天元帝、烏薩哈爾汗，明廷遣虜大將軍藍玉率十五萬大軍深入漠北討伐，兵至慶州（今內蒙古巴林左旗索布力嘎）。藍玉諜知北元後主駐在捕魚兒海（今貝爾湖，在中國和蒙古國交界處，中國部分屬呼倫貝爾市新巴爾虎右旗），果斷率軍兼程趕到，然而沿湖搜尋四十里不見敵。當時風雪急惡，明軍水草斷絕，看來只能無功而返。定遠侯王弼卻認為出其不意的機會就在眼前，不能放棄！藍玉果斷拍板，全軍熄滅煙火，夜行至海南。

這時得到更精確的情報，敵營在海東北八十餘里。藍玉果斷令王弼率選鋒奇襲，王弼趁大風沙突入元營，元軍猝不及防，全軍覆沒。元主僅率太子天保奴、知樞密院事捏怯來、丞相失烈門等數十騎逃脫，次子地保奴、嬪妃公主、官屬等七萬餘人被擒。不久，捏怯來弒殺元主及天保奴，率餘眾歸降。至此，大元朝廷徹底終結，從此不再使用「大元」國號，西至伊朗、俄羅斯、東至蒙古、西伯利亞，全世界蒙古勢力分崩離析。藍玉一戰終結大蒙古帝國，無愧為人類戰爭

史上的劃時代名將。明太祖得報大喜，賜敕至軍中表彰，將藍玉比作古代名將衛青、李靖，一時風光無限。

然而就在回師途中，藍玉便令人大吃一驚。首先是回師至長城喜峰關（今河北遷西縣西北）時，守關的將吏開門稍微慢了一點，藍玉竟揮軍破關而入。回京後，更有人揭發藍玉姦汙被俘的北元皇后，導致皇后自殺，更是令明太祖怒不可遏，當面切責。這些事情放在普通將軍身上，早就誅族了，但明太祖念其功高，沒有實質性處罰，只是本來準備加封藍玉為梁國公，現改為涼國公，並將改號的原因鐫刻在世券上，想以此告誡。

然而藍玉一貫自持功高，驕橫放縱早已成習慣，未將太祖的告誡放在心上。明朝建立後，藍玉就大量蓄養莊奴、義子，橫行鄉里。藍玉曾在東昌（今山東聊城）強占民田，地方官當然不敢管他，朝廷特派御史前往質詢，藍玉的家丁居然將御史打跑。藍玉西征成功後，因功授太子太傅，他卻嫌位居馮勝、傅友德之下，公開出言不遜：「我就不能當個太師嗎？」（整個明朝歷史上，只有李善長、張居正兩位首相在生前當到太師，連徐達都止步於太傅）。藍玉還利用自己出征雲南後留在當地的一些親將，大肆開展走私活動，每年僅販賣私鹽就達 400 餘萬斤。官拜大將軍後，藍玉在軍中經常擅自任免將校，至於貪汙腐化，更是大行其道，空印案、郭桓案，乃至發生在眼前的馮勝小貪被免的案例都絲毫不放在眼

裡，覺得這些人和戰功卓著的本戰神完全不是一回事。

藍玉的驕橫相當程度上是出於明太祖早期對他的放縱，常遇春的早死本已使太祖心痛，有一種在藍玉身上彌補的心理，更因藍玉本人確實功高蓋世，所以零容忍的明太祖也一再寬宥其種種行徑，經常以口頭責備代替實質性懲罰。然而事實證明，這並不能使藍玉這種人汲取教訓，反倒因為受責罵而懷恨在心，兩人的關係逐漸走向翻臉。

洪武二十六年（西元1393年），作為御前禁衛的錦衣衛指揮使蔣瓛（ㄏㄨㄢˊ）告發藍玉邀其密謀，準備趁明太祖出巡時率錦衣衛將皇帝擒殺！明太祖大驚，連忙將藍玉逮捕審訊。後藍玉認罪伏法，供認了一個謀反集團，包括景川侯曹震、鶴慶侯張翼、舳艫侯朱壽、東莞伯何榮及吏部尚書詹徽、戶部侍郎傅友文，實際上還有靖寧侯葉升等已在胡惟庸案中伏誅。很多高官被誅族，《明史》稱牽連被殺的有一萬五千人之多（此數有嚴重誇大）。藍玉案又與胡惟庸案合稱為「胡藍之獄」，共有一公、十三侯、二伯被打入《逆臣錄》。

恰如胡惟庸案一樣，很多人認為藍玉案也不是一個典型的腐敗案，而是政治鬥爭。但事實上如果真從政治角度出發，明太祖在藍玉案中反而表現得沒有前幾個案子那麼殺伐果決。這恰是因為藍玉大將軍功高蓋世，更有常遇春的情懷在其中，不比胡惟庸、郭桓之流猾吏，所以才多次寬宥，最終實在是不法過甚，才痛下殺手。藍玉之死和胡惟庸一樣，

根源還在於其貪殘暴虐，明太祖其實早就想懲治他，他造反也是因為察覺到危機才孤注一擲，這也只是喪心病狂，而不是真有謀朝篡位的能力。以明朝的體制，武將根本不可能謀反，明太祖殺藍玉，確是重拳肅貪，而非政治鬥爭。

1.6 駙馬歐陽倫案

經歷了「明初四大案」的人頭滾滾，流血漂櫓，試問明朝的貪官汙吏們還敢繼續貪嗎？

答案是——敢。

在連續辦理了胡惟庸案（朝廷高官）、空印案（行政系統）、郭桓案（富戶階層）、藍玉案（軍人）四大案後，各類腐敗高危人群都被清理得差不多了，古代敢殺的貪官殺了，漢武大帝、唐宗宋祖不敢碰的貪官也被殺得七零八落了，還剩下誰？其實還剩一類——皇親國戚。有人說朱元璋肅貪是為了他朱家的江山穩固，也只是殺別人，不會殺親人。那好，現在就殺一個親人給你們看看。

洪武三十年（西元 1398 年），明太祖駕崩前一年，明朝又發生了一起震驚中外的貪腐大案——歐陽倫案。此案令人震驚，倒不是因為金額巨大或牽連甚眾，而是案犯歐陽倫的身分特殊——他是當朝駙馬，明太祖的親女婿。

歐陽倫本來有著令人豔羨的完美人生：金榜題名，高中進士，又受馬皇后嫡生女安慶公主青睞，成為皇帝女婿，官至駙馬都尉，這即便在戲劇小說中，也是超級耀眼的光環男主角。然而歐陽倫卻不懂得珍惜，而是盤算著利用政治身分攫取更大的經濟利益，他將目光投向邊境茶馬貿易。

鹽、鐵、茶在古代被視為策略物資，進出口貿易一律由國家專賣，有時連國內都實施專賣。明初的茶葉外貿還有一個特殊功能——與烏斯藏（青藏高原）地區的羌蕃部落進行馬匹貿易。烏斯藏在明初屬於羈縻地區，理論上是大明國土，但實際上也不等同於內地州縣，而是由當地部落領主代管。即部落領主向朝廷稱臣，但部落民都是領主的私有財產而非國家公民，領主由部落世襲選舉而非朝廷任免。

事實上，蒙古後來向明朝稱臣，也屬類似情況，甚至後來滅亡了明朝的後金（清朝）最初也是羈縻區。這樣的地區與朝廷關係微妙，隨時可能叛降，所以維持互惠互利的貿易來保持蕃部安寧至關重要。更何況烏斯藏東部的河湟（黃河上游，今屬青海省）一帶是著名的河曲馬產地，明初戰爭頻繁，對戰馬的需求極大，所以國家是把烏斯藏的茶馬貿易放在策略高度來考量的，制定了許多帶有政治意義的貿易政策，而非放任市場價格隨意波動。主管的官吏也明白這個道理，不敢輕易從中漁利，歐陽倫卻偏偏認為他發現了這個商機，可以憑駙馬身分從中撈一票。

为了保持茶葉對馬匹的購買力，朝廷透過高額關稅調控，避免大量茶葉輸入烏斯藏，從而維持遠高於內地的茶價，這便提供給走私犯罪營利空間。歐陽倫投身於此，在內地以低價收購茶葉，派家奴用官車押送至陝西邊境，繞開海關和邊境檢查，其實就是用官車走私。海關官吏並非不知他行的是什麼勾當，但懾於他的駙馬身分，敢怒不敢言。結果歐陽倫的家奴們就愈發囂張，把邊境稅吏呼來喚去，到後來甚至任意捶打。最終，稅吏不堪其辱，向朝廷報告了歐陽倫走私茶葉的情況。明太祖得報大怒，立即將歐陽倫及其家奴全部逮捕，很快判了死刑！

安慶公主當然慌了，拚命向父皇求情，並辯稱走私雖是犯罪，但罪不至死，按律也只該坐牢。但明太祖卻宣稱皇親犯法，比庶民罪加一等，堅持要判死刑。千萬不要誤會是明太祖不疼愛安慶公主，須知安慶公主是孝慈高皇后馬氏所出，馬皇后只生了寧國公主和安慶公主兩位女兒。《明史》稱馬皇后還生了懿文皇太子（朱標）、明太宗（朱棣）等五個兒子，但有考證稱這五子實為朱元璋其他姬妾所生，再由馬皇后撫養，而非親生。明太祖和馬皇后親生親養的就只有安慶公主兩姐妹，不可不謂掌上明珠。馬皇后當年是反元義軍領袖郭子興義女，要飯和尚出身的朱元璋當初正是靠了郭子興的關係才走上政治舞臺的中心。

郭子興較早身亡，朱元璋作為他的繼承人，受到了反元

義軍其他派系的嚴重打壓，一度非常困難，正是結髮妻子馬氏在政治上四面籠絡人心，極力改善朱元璋的政治處境，才使朱元璋挺過了人生最困難的一段時光（也許困難程度略低於討飯時餓暈那一段）。有一次朱元璋被關禁閉，不許進食，馬氏偷了炊餅，藏在衣服裡拿給他吃，結果把自己的肉都燙焦了。明朝建立十五年後馬皇后病逝，明太祖再未立皇后，可見夫妻情深。馬皇后死後，明太祖更加疼愛兩個女兒，現在安慶公主懷抱馬皇后靈牌，哭倒在明太祖面前，只求能免丈夫一死。

最終，明太祖做了一個沒有實際意義的讓步——不判歐陽倫死刑，但賜其自盡，家奴周保等盡皆伏誅。安慶公主哭得死去活來，但依然無法挽救歐陽倫39歲正值耀世昇華的生命。次年，明太祖駕崩。

歐陽倫案儘管涉案金額和案犯人數比起「明初四大案」簡直不足一提，但對後來者的震懾只恐有過之而無不及。它既表明了明太祖鐵腕肅貪，「既打老虎，又拍蒼蠅」，絕不因為案件小就輕饒的態度，更表明了「王子犯法，比庶民罪加一等」的決心，絕不因為是皇親國戚便能逃脫罪責。一時天下震懾，青史震動。

1.7 世間再無明太祖

毫無疑問，大明太祖一朝三十年，堪稱中國乃至人類歷史上最強勢滌蕩貪腐的一場戰役。其實這場戰役從大明建立之前就已打響，朱元璋明知胡大海領兵在前，依然毫不猶豫地斬殺了只有輕微貪汙行為的胡三舍，向貪腐這個人類社會最頑固的幽靈擂響了古往今來最攝人心魄的戰鼓。明朝建立後的「明初四大案」，從丞相胡惟庸到戶部財政系統，從戰神藍玉到侍郎郭桓，再到駙馬歐陽倫，不管你是誰，有何種理由，只要沾上一個貪字，必死無疑。

甚至可以說，明太祖肅貪這幾個案子的思路都很清晰，對象依次是開國元勛（胡三舍案）──高層統治集團（胡惟庸案）──基層行政體系（空印案）──富戶（郭桓案）──軍隊（藍玉案）──皇親國戚（歐陽倫案），將貪腐的宿主依次掃蕩，堅決不留任何感染的機會。明太祖很清楚，在明朝建立的過程中就要對貪腐這個慢性病毒保持高度戒備，絕不讓一個王朝帶病建立。否則，還不如不建。

明太祖的這種建立王朝的思路確實收到奇效，明朝堪稱中國乃至人類歷史上相對最清正的一朝。郭桓案後，時人評價：「郡縣之官雖居窮山絕塞之地，去京師萬餘里外，皆悚心震膽，如神明臨其庭，不敢少肆。」龐大的中華帝國一時風清氣正，剛從元朝的腐敗深淵中掙扎出來的中國居然迎來了一

個「治隆唐宋」的罕見盛世，並為之後「遠邁漢唐」的永宣盛世奠定了堅實基礎，足見清明的吏治對社會繁榮富強有著多麼根本的作用。

當時和後世很多人都試圖雄辯肅貪不能過猛，像空印案、郭桓案這樣掃蕩了整個行政系統是觸及國本，會影響經濟發展之類的論調在事實面前都成了無稽之談。清朝由於特殊政治原因，在編撰《明史》時極其熱衷於抹黑明朝皇帝尤其是明太祖，但在肅貪這個問題上，清人也只能誇大他的殘暴嗜殺，絕不敢懷疑他的正直，也不敢過多地否認肅貪對澄明吏治，帶領國家從元朝的爛攤子中極速崛起所造成的重要作用。

不過饒是如此，明太祖最終也發出了「朕才疏德薄，控御之道竭矣！」的哀嘆。明初如此凶猛的反貪風暴，堪稱人頭滾滾，更甚驅逐大元的世紀大戰，然而直到明太祖駕崩前一年，還出了歐陽倫這麼囂張的貪官。可見，貪腐這個幽靈，它從未遠去，即便遇到明太祖這樣狠辣的對手，它也只會靜靜地伏於暗處，舐舐著傷口，耐心等待機會，等人們再次憶起它的存在時，它已經深深地侵入帝國的肌體。

然而世間再無明太祖，雖然大多數人都痛恨貪官，但真正能像明太祖這樣鐵腕肅貪，滌蕩乾坤的人，似乎再也沒有了。這個由他一手建立，如鐵山般冰冷剛強的大明王朝，在失去這位最鐵血的反腐戰士後，又將在漫長的未來如何面對這個可怕的慢性病魔？

1 滌蕩乾坤：明太祖鐵腕肅貪

2

天裂之禍：太監王振的逆襲

2 天裂之禍：太監王振的逆襲

永宣盛世中的大明王朝，堪稱人類在前馬可尼時代最宏偉的超級帝國，這正是明太祖鐵腕肅貪留下的寶貴遺產。

然而，貪腐這個幽靈，它從未遠去，只是靜靜地伏於暗處，舔舐著傷口，耐心等待機會。它冷眼長觀永宣盛世喧囂地劃過史冊，自己卻暗中舒活著筋骨。明太祖對貪腐的土壤無差別攻擊，但幽靈終究還是覓到了新的宿主：太監。當臭名昭彰的大太監王振走上歷史舞臺，貪腐似乎也獲得了復甦的契機。土木堡之變，天裂之禍，皇帝戰敗被俘，公卿流血漂原，這似乎是病魔壓抑許久後一次暢快的反擊。

但事實上，真正的反擊並不是王振，而是藏在王振的身後，一個真正可怕的龐大集團，正在借他蓄勢待發。

2.1 永宣盛世暗藏危機

明太祖鐵腕肅貪，對經濟社會的發展到底造成了什麼作用？最好的答案莫過於他身後的百年國運。

清人評價明太祖一朝「治隆唐宋」，此說毫不誇張。他身後的永宣盛世（明太宗年號永樂、明宣宗年號宣德，合稱「永宣」）更是人類歷史上超級帝國的巔峰之作。永樂大帝（朱棣）五征漠北，七下西洋。「皇明混一海宇，超三代而軼漢唐。際天極地，罔不臣妾！」（大明統一了海洋宇宙，超過夏

商周三代、漢唐的功績。從天到地，無人不成為臣和妾。）中華帝國的如颼鐵騎踏遍了成吉思汗的莽原，蒙古大汗知道明軍要來，甚至提前一年逃遁；威震歐亞的奧斯曼大帝「雷電汗」巴耶薩特令全歐洲瑟瑟發抖，卻被宣宗（朱瞻基）輕輕收入宣德爐中。高懸日月軍旗的艨艟鉅艦遮洋蔽海，無邊的戰帆籠罩七大洲五大洋……寰球人類無不驚嘆：中華帝國的組織動員能力，簡直是馬可尼發明無線電之前人類社會最大的奇蹟！而就在這樣宏大的國家工程中，我們卻沒有在史書上找到任何關於貪腐的記載！這也不得不說是人類反貪史上最大的奇蹟。造就這個奇蹟的原因其實並不複雜──太祖朝的鐵腕肅貪，鍛造了一個鐵血剛強的大明王朝。

明太祖一路殺下來，所有可能孳生貪腐的土壤都被他掀了個底朝天，以至於他身後幾十年，從太宗到仁宗，再到宣宗朝，貪腐這個幽靈著實找不到立錐之地，最頑固的慢性病終於被切除了病灶。然而，這個慢性病是不可能被根治的，即使被切除了傳統的病灶，它最終也會覓得新的宿主。現在，它便找到了太監這個平臺。

現代人所謂的太監（ㄐㄧㄢˋ），其實是對宦官的泛稱，即閹割後進宮作奴婢的男子，正式學名內侍、宮人，後尊稱為宦官，但只是一種尊稱，並非朝廷官員。明代後宮宦官組織設為十二監、四司、八局，每個部門的長官稱太監，副官稱少監，如司禮監太監、御馬監少監等。後來作為一種尊稱，人們

2 天裂之禍：太監王振的逆襲

將普通宦官也稱作太監，到清代這種稱呼已經氾濫，但凡閹人一律稱太監，沿俗至今。其實這種現象古已有之，比如太尉這個官職是秦漢三公之一，是國家最高領導層成員，掌管全國軍事，班秩僅次於丞相，到宋代雖不實設，但仍作為一個非常崇高的虛銜使用。於是有些人就把軍官尊稱為太尉，未料尊稱氾濫，到南宋竟然取代了「軍爺」，成了低階軍官甚至普通軍士的泛稱。從太監稱呼的泛濫也可窺見一個現象：閹人分明是極度受人鄙視的低賤人格，但大家明面上卻要極度尊重甚至討好他們，正是因為他們手中漸漸有了權力。

這個權力也堪稱玄妙，介於虛實之間。理論上，太監只是皇室的私家服務員，並沒有任何行政權力，但由於接近最高皇權，又往往容易走到權力核心。尤其是有些皇帝因政務繁忙，喜歡讓宦官代行皇權，導致不知不覺中大權流於宦官之手，甚至形成尾大不掉。漢唐宦官專權，甚至到了掌控禁衛、廢立天子的地步，不過宋朝權力公共化，宦官政治退出歷史舞臺，有宋一代三百二十年，絕無漢唐宦官專權以至可以把持朝政的例子發生。

明朝建立了比宋朝更嚴格的文官政體，明太祖更立下祖訓：「內臣不得干預政事，預者斬。」刻成鐵牌，立於宮門。但這條禁令其實也並不特別嚴格，比如洪武二十五年（西元1392年），一些烏斯藏部落因故中斷茶馬貿易，並且部落領主不認可漢族的文官制度，認為地方官並非中國之主，拒絕

和他們談判，非要大明皇帝才有談判資格。這時明太祖派出尚膳監太監而聶、司禮監太監慶童，代表皇帝前往談判，很快談妥，達成了 10,340 匹良馬交換 30 萬斤茶葉的大宗貿易協定。儘管蕃部的行為不能代表主流，但從此事可以看出太監對皇帝的巨大代表作用，注定不會徹底脫離權力核心。而隨著科舉制度的進一步完善，明朝官場漸漸被科學考察出身的人把持，文官皆由考試選拔產生，而非皇帝提拔的「自己人」，沒那麼「聽話」，甚至經常發生矛盾。皇帝又不便和文官發生正面衝突，這時有些皇帝就會讓貼身太監去做一些自己不方便親自幹，甚至見不得光的事，這就是明朝太監的權力根源，他們並非真正的權力主體，只是皇帝和文官暗中角力的工具，是專門遊走在陰暗面的灰色權杖。

這，自然會成為慢性病魔絕佳的新宿主。明英宗最寵幸的司禮監掌印太監王振，恰好處於這段歷史的起點，命運將他推向了歷史大變局的風暴眼。一場猛烈的反擊戰，就在王振身上打響！

2.2　王振重啟太監干政

宣德十年（西元 1435 年），明宣宗駕崩，年僅八歲的皇太子朱祁鎮繼位，改次年為正統元年，史稱明英宗，是繼太

祖、建文帝、太宗、仁宗、宣宗後的第六任明帝。明仁宗皇后張氏為太皇太后攝政，朝中則有著名的「三楊」輔政。

「三楊」指明宣宗留下的三位內閣大學士——楊士奇、楊榮、楊溥。明太祖朝以中書省為中央政府，中書省的長官左右丞相、平章政事等為宰相。後來中書省裁撤，太宗朝形成了內閣輔政的架構，內閣取代了中書省的職能，內閣大學士成為新的宰相，員額一般七人左右。「三楊」並非親戚，而是各自透過科舉考試，從民間走上政壇的普通人，只是碰巧都姓楊。張太后以賢良淑德著稱，「三楊」更是歷史上經典的賢相組合，這時的明朝官場依然延續著永宣盛世以來的良好局面，國勢繼續蒸蒸日上。年幼的明英宗並不干政，而是與後宮的小夥伴王振每日讀書嬉戲，快樂成長。

不過張太后早就看出來王振此人野心勃勃，絕非尋常人等，只恐日後會成禍患。但太監就是這樣，他與皇帝是私人關係，王振與明英宗是從小一起長大的哥兒們，做奶奶的又憑什麼無故拆散人家？於是張太后便三天兩頭找藉口訓斥王振，想以此打擊他，使其不敢囂張。王振也察覺到了太皇太后的意圖，刻意收斂，韜光養晦，使張太后放鬆了對他的打壓，終於捱到了張太后離去。

明英宗正統五年（西元 1440 年），楊榮卒。正統八年（西元 1443 年），明仁宗誠孝昭皇后張氏駕崩。正統九年（西元 1444 年），楊士奇卒。正統十一年（西元 1446 年），楊溥卒。

永宣朝的政治遺產終於用完，十九歲的明英宗——還有他的小夥伴王振意氣風發，準備大展拳腳。當然，「大展拳腳」這個詞對於每個人來說意義不同，有人是放開手腳做一番事業，有人則是放開手腳大撈一番私利。洪武以來的官員大多屬於前者，但你能相信太監也始終不渝地堅守節操嗎？

其實王振還不是天生的太監，最初也曾走正途，讀書考功名，甚至考上了秀才，當了私塾先生。但是王振發現要想再考舉人、進士，以他的能力就做不到了。那種所謂考不上，鑽牛角尖考一輩子的腐儒畢竟是極端個例，越是科舉這種規範的考試，一個人越便於衡量自己到底能達到什麼程度。然而王振又是個權欲薰心的人，鐵了心要去當官，哪肯安心在鄉下教書育人。可惜以當時嚴格的科舉制度，王振連舉人都考不上，沒有途徑入官。最終，王振咬了咬牙，主動閹割，進宮當了太監。

說到主動閹割，古代太監的來源主要有兩個：一是從國外掠來的戰俘或國內的罪犯，一是民間自願閹割進宮的本國公民。比如著名的太史公司馬遷，便是國內的罪犯，為了留有用之身完成《史記》，所以忍辱負重，選擇了以宮刑替代死刑，進宮當了太監。不過他話說得很清楚，他確實是有偉業未竟才忍辱偷生，正常人在宮刑和死刑之間寧願選擇死刑，寧死不當太監，所以自願進宮當太監的人少之又少。何況經歷了宋朝這個太監的大谷底，整整三百餘年沒有出一個漢唐

式把持朝政的權閹,明初幾乎找不到人自願來當太監,小公公們全都是從與蒙古、越南等國的戰爭中搶來的,王振應該是史書有載明朝第一個自願閹割來當太監的本國公民。歷史證明,恰恰是這種人最易掀起風浪。因為當時當官的正途就是讀書考試,王振這種人正途走不通,又不想老實勤奮靠勞力吃飯,而是想著走旁路繼續鑽營官道,一旦讓這種人鑽進官場,後果就很可怕了。

果然,明英宗親政,王振也覺得熬到了頭,準備要開始他的享樂人生。太祖朝的肅貪風暴過去太久了,那時王振還沒有出生(王振的生年失考,但據猜想應該在永樂後期,必然是太祖駕崩後才出生的),那些都是古代的故事啦!事實上,王振能夠開啟一場太監腐敗政治的歷史大潮,正是因為恰逢太祖朝鐵腕肅貪的影響耗散和太監政治崛起的兩個歷史機遇疊加。當然,王振本人的一些主觀行為也在相當程度上促進了明代太監政治崛起。

明英宗親政後,立即任命王振為司禮監掌印太監。按明制,內宮十二監各監的長官為太監,正四品;副官為少監,正五品。事實上每個監並非只有一個太監,而是有很多個。明太祖為了防範宦官地位過高,硬性規定每監只能設太監一員,正四品;左、右少監各一員,從四品,其下奉御等職品秩更低。但宦官和文官不一樣,文官是國家公務人員,不受皇帝更迭的影響。宦官是皇帝的私家服務員,一個皇帝死

了，換一個新皇帝來，宦官中的低階別苦力倒無所謂，但是太監、少監這種層面的就面臨大換血。

不過宦官往往又是要在後宮終老的，那換下來的太監、少監怎麼辦？當然就只能繼續掛著四品虛銜在冷宮中寂寞度日。這樣每個監實際上就不止一員太監、兩員少監。到後來禁令漸鬆，有些皇帝同時任命好幾個寵信宮人為同一個監的太監，享受四品待遇，但一個監實際管事的人則只能有一個，於是就形成加掛頭銜來區分諸多太監實際秩序的方法。比如司禮監就依次設提督太監一員，掌印太監一員，秉筆太監、隨堂太監數員，均為正四品。司禮監提督太監不實授，掌印太監則為實際上的一把手，數位秉筆太監為實際上的副手。司禮監本身是內宮十二監之首，所以司禮監掌印太監也堪稱整個宦官系統的一把手，俗稱「大公公」，但王振的志向卻遠遠不止於後宮。

司禮監理論上的職能是為皇帝收撿筆墨紙硯，後發展為皇帝的私人文祕，幫皇帝處理文書。皇帝的文書不就是奏章、御詔、聖旨嗎？所以司禮監相當於皇帝私設的中央辦公廳。為何說是私設呢？因為國家自有一套行政機構編制，內閣便是國家正式的中央政府辦公廳。明朝逐漸形成了「非進士不得入翰林，非翰林不得入內閣」的政治規矩，後來廷推大學士的制度也日漸完善，閣員（宰相）由相關官員公開推舉產生，以保證人選的公開公平公正，避免結黨營私。

2 天裂之禍：太監王振的逆襲

　　所以宋明以來中華帝國朝廷的公共屬性很強，絕不是誰的私器，從源頭上掐斷了王莽、曹操、楊堅、李淵這類權臣出現的制度根源，對唯一的皇位非常有利。但這樣皇帝也失去了隨意任免宰相的權力，難免不太暢快，於是利用太監在內宮形成了一套類似於朝廷的組織機構，這套組織機構就是皇帝的私家服務員組織，可由皇帝本人隨意任免。隋唐以來尚書六部每部內設四司，共二十四司，所以明朝內宮設十二監、四司、八局共二十四個衙門，稱「二十四衙」，號稱與外朝相對應，形成「內朝」。

　　其中尤為重要的自然是中央行政和軍權二者。宋朝的中央政府叫政事堂，中央軍委叫樞密院，明朝的內閣（初為中書省）、五軍都督府相當於繼承了二者的職能。於是明朝後宮掌管文書的司禮監便號稱「內政事堂」、掌管兵符的御馬監號稱「內樞密院」，代表皇帝在內宮處理軍國大事，號稱與外朝的內閣、五府對掌文武大權。司禮監的一把手司禮監掌印太監則漸漸被稱作——內相，死太監們更私下將內閣大學士稱作「外相」，儼然自己與宰相併稱，甚至自己是「內」，死老頭們是「外」，自己還更核心一點點。

　　那麼，明朝到底是從何人起，開始形成所謂的內外朝分庭抗禮的政治局面呢？大約就是王振了，所以王振也堪稱大明王朝第一位「內相」。王振之前也有幾位重要的大太監，比如七下西洋、威震四海的鄭和公公；還有參與了幾朝皇位更

迭大業的海壽；甚至就在王振冒頭時，還有一位威望比他高得多的老太監——金英。不過這些太監都堪稱忠僕，在整體官場風氣都還很好的時代也沒有弄權，開始專權弄事的應該還是從王振開始。王振為了跟外朝文官爭權，攛掇明英宗做了一件大蠢事——建立票擬制度，對整個明朝之後兩百年的政治生態都產生巨大影響。

明英宗正統十年（西元 1445 年），明英宗下詔，皇帝不再到文淵閣（內閣的會議室）與大學士一起處理政務，內閣草擬了詔書或者收到奏章後，在封面上貼上一張紙，寫上內閣的意見，透過司禮監呈報給皇帝批紅，即用紅筆在上面批閱處理意見，再由司禮監發還給內閣照批紅辦理，稱作「票擬」。票擬過程理論上只有文書往來，皇帝和內閣大學士不在一處辦公，見不到面。隔絕中外，這其實是歷代太監弄權最老套的辦法。但王振向明英宗進言，稱內閣大學士無非是皇帝的顧問祕書，身分懸殊，怎能和他們混在一起辦公，應該隔絕開來，以顯示身分地位的差距。明英宗很容易就相信了他的玩伴，頒布了這套皇帝和宰相分隔辦公的新式行政機制。

不過，時代是發展的，這一次產生的後果猜想王振自己也沒料到。皇帝和宰相在都堂共同議事、理政，這不是明朝才發明的，而是唐宋以來數百年中華帝國一以貫之的政治傳統。唐宋宰相名為「同中書門下平章事」，意思就是和皇帝一

起,在中書門下(隋朝中書省和門下省合併的產物,相當於中央政府)處理奏章。明太宗最初設立內閣制,讓大學士在文淵閣協助皇帝辦公,本意是加強這種做法,讓皇帝更深刻地融入最高決策層,牢牢掌控政權。王振這樣一搞,其實是把皇帝排除出了最高決策層。雖然表面上皇帝仍然掌握著最後一道批紅的權力,但其實這個權力很容易被虛化。因為內閣一旦形成決議,皇帝也不方便做太大改動,一般只能被動地批示是或否,漸漸就成了橡皮圖章。

如果皇帝真想干政,那就需要在內閣議事這個環節便參與進去,而不能被排除在核心決策團隊之外,乾等著內閣背著自己形成最終決議再報給你簽字畫押。其實唐宋以來的制度就是皇帝帶領宰相們議事,偶遇秦檜、賈似道這樣的權相當政,在會上架空皇帝,但好歹也要讓皇帝參與。現在王振這麼一搞,皇帝連宰相議事的門都進不去了,自然淪為橡皮圖章,所以明朝皇帝總給人一種力不從心的感覺,亦並非某些人批評的懶政,實是因權力太虛所致。這一點堪稱皇帝制度兩千年未有之大變局,相信也並不在王振的預料之中。

王振這麼搞當然是出於私利,因為這樣搞雖然讓皇權嚴重虛化,但司禮監的權力卻急遽膨脹了。內閣將票擬呈報給皇帝,皇帝批紅後發還給內閣,這個環節是由司禮監執行的,太監們便在其中上下其手。不要小看了這個權力,皇帝的貼身太監與皇帝朝夕相對,深知皇帝的脾氣狀態,什麼時

候把什麼奏章呈交給皇帝至關重要，如果給了皇帝再有意無意地補兩句就更可怕了。

更重要的是，皇帝被虛化後，更無心理政，後來逐漸認識到批紅這個權力也是雞肋，就懶得親自批，由太監代筆了。這種權力對皇帝而言是雞肋，對太監而言就是扎扎實實的大肉了。最要命的是明朝很流行差額選舉，也就是任命一個職位，外朝一般會推出兩個人選供皇帝批紅時選擇。這表面上看是為了尊重皇帝，給他一個選擇的權力，實際上卻又提供司禮監巨大的尋租空間。儘管外朝提供的人選是有排序的，但畢竟留給太監做手腳的空間。除最重要的人事任免外，其餘諸如財政收支、工程營運、政策法規等方面的尋租空間更是數不勝數，自王振開啟了這種模式後，一路發展下來，明朝的內宮太監終於成長為與外朝分庭抗禮的「內朝」。

儘管「內朝」的權力玄虛無根，但這對於太監們來說恰恰不重要，他們只要一朝權在手，就要充分兌換成實利。明朝在建立前就經歷了明太祖的鐵腕肅貪，之後又建立了嚴格的科舉文官政治，堪稱中國甚至人類歷史上相對最清廉的一朝，但萬事皆有陰陽，有了這麼清廉的外朝，同時也就有一個人類歷史上罕見的腐敗內朝。

王振一當上大公公，立即有許多趨炎附勢的小人便進獻禮物給他。送禮，這是一種常用的試探手法，收或不收可以看出這人的節操。經過太祖朝鐵腕肅貪，勇於收禮的官員其

實很少了,不過隨著時間的推移,絕對清正的風氣也在一點一滴地轉變,送禮之風漸漸抬頭。王振仗著自己是皇帝的玩伴,張太后和三楊又都已經離世,斷定自己再無人能制,於是敞開了收。貪官汙吏們見多年來進展不利的送禮行為開始有了轉機,一個個眉開眼笑,更加歡快地進獻越來越貴重的奇珍異寶。王振也藉機開始打造自己的勢力,極力提拔對自己諂媚逢迎的貪官,同時還要打壓那些正直的清官。

當時有一位工部郎中王佑非常善於諂媚,他碰巧沒有鬍子,這可能是有什麼疾病或者就是為了逢迎王振,每天刮得很乾淨,總之他肯定不是太監。有一次王振問他為何沒有鬍子,王佑就很無恥地回答:「老爺都沒有鬍子,做兒子的又怎麼敢有?」王振聽了哈哈大笑,第二天就安排王佑晉升為工部侍郎。郎中是六部內設的司長,正五品。侍郎是六部的副官,正三品。中間還隔著很多級別,按明朝的轉遷之制,郎中是不能直接升任侍郎的,王佑這是大幅度越級提拔,但王振一天之內就可以辦到,讓滿朝文武見識了他的能量。

王振又大肆提拔和王佑一類的阿諛奉承之徒充當爪牙,尤其注重在兵部、都察院、錦衣衛等要害部門安插親信。其中王振尤為重視錦衣衛,安插頭號親信馬順出任錦衣衛指揮使,姪子王山、王林為副官。至於地方官就主要是看誰送錢送得多,就給誰好位置,福建參政宋彰一口氣送了五萬兩銀子給王振,很快提拔為布政使,其餘地方大多循此例。這

些人拿這麼多錢來買官，錢從哪兒來？總不可能是私人的錢吧，還不就是從地方上狠命搜刮而來。空印案、郭桓案中被殺的萬千貪官泉下有知，終於可以瞑目了。

到後來王振要收錢已經成了宮中公開的祕密，王佑就主動跳出來充當王振的「會計」，經常當眾公布某人為了辦什麼事給王振送了多少錢，辦事結果怎麼樣。於是大家有了一個了解「行情」的公開管道，能夠預估辦某件事需要給王振送多少錢，說來還真是公開公平公正。除了收攏貪官，還要打擊清官，以免有人壞了「規矩」。國子監祭酒（國家行政學院院長）李時勉向朝廷提出撥一筆款項擴建國子監，這本是再正常不過的日常行政事務，戶部、工部都通過，報給內閣也通過了，但就因為李時勉沒有送錢，王振就一直把他的奏章壓著不批紅。

後經多次暗示，李時勉還是堅決不肯行賄，王振便認為此人壞了「規矩」，必須懲戒，以李時勉砍掉國子監門前古樹的樹枝為由，罰他身帶重枷跪在國子監門前示眾。此事震驚朝野，國子監一千多名學生伏闕上書，懇請釋放李時勉，但王振將上書全部壓下，皇帝壓根不知道。眼見李時勉已經在烈日炙烤下連續跪了三天，多次昏厥，就要脫水身亡。國子監助教李繼終於透過孫太后的父親將此事轉告太后，太后轉告皇帝，皇帝再來過問此事，王振才釋放李時勉。

逐漸，大家開始察覺王振已經成長為後宮的一顆毒瘤。

正統八年（西元1443年），翰林侍講劉球借炸雷擊壞奉天殿，向明英宗上疏，提出皇帝應親理政務，不能將權力下移，流失到一些居心叵測的人手中。王振看出這是在暗示自己侵政弄權，勃然大怒，召集馬順等親信策劃要重懲劉球。他們仔細研究劉球的奏疏，其中有一句提到太常寺沒有長官，應盡快補缺，朝廷詔許，令吏部推舉人選，翰林修撰董璘主動請纓，求任太常卿。

劉球見朝廷有職務出缺，上疏時順便提一句；董璘見朝廷應徵官員，前往應徵，而且也是參加吏部會推方式，不是私下跑官要官。這本是再正常不過的日常行政事務，但王振集團就藉此發揮，將劉球和董璘都逮捕下獄，毒刑拷打，逼迫他們承認是暗中勾結，結黨營私！

真正結黨營私的人往往才會以這類罪名汙衊別人，王振、馬順玩的是宋朝就淘汰了的老套路。那個可怕的慢性病魔，正在舒活著筋骨。

然而明朝的法制還是相當嚴格，王振、馬順始終蒐集不到足夠的證據將劉球、董璘治死，馬順乾脆派了一個小校入獄去刺殺劉球，反正監獄是他們開的，往來無阻。劉球臨死前大呼太祖太宗，頸斷卻身體筆直不倒。殺手又殘忍地肢解了劉球的屍身，分藏於獄中，最終劉球之子劉鉞僅求得劉球遺下的一套血衣和一臂安葬。

順我者昌，逆我者亡。王佑和劉球的際遇很好地向大家

2.2 王振重啟太監干政

表明了在當時的官場,順、逆王振可得的結果。王振在掌握了實權後也開始逐漸重視大家在禮儀上尊奉他。明英宗非常寵信也很尊重王振這位玩伴,從不直呼其名,而稱先生,親王公主們則稱「翁父」。有了皇室的示範效應,誰還敢對王振有半點不敬,甚至有不少無恥之徒紛紛跳出來認王振做乾爹。由於太監在有些場合是皇帝的代表,所以大臣需要向太監下跪,這本是常禮,但王振卻要求大臣只要見到他都要跪拜,這就是不合禮法了。不過由於他已炙手可熱,很多馬屁精見了他便跪拜,一些官員不跪,他就打擊報復,手段從流放充軍到栽贓嫁禍不一而足。

就這樣,王振權焰炙天,但有一件事始終讓他如鯁在喉——明太祖掛在宮門上那塊鐵牌「內臣不得干預政事,預者斬」。其實此條禁令本來也沒得到嚴格執行,大家也就睜一隻眼閉一隻眼,既然大家都不說根據此牌太監該斬,太監就更不會去尋它的晦氣了,誰也別提,大家都當它不存在。但現在王振居然主動提出來,要把它摘了。

這真是,你犯了法,別人不提也就罷了,你還主動提醒大家你犯了哪條法,還妄圖把這條法律廢除。

然而王振還真就辦成了這件事,半個世紀不知不覺地滑了過去,洪武大帝的禁令終於被扔進了垃圾堆,而他窮盡一生鏟盡了腐敗的土壤,到今天終於重現官場,他用胡三舍、郭桓、胡惟庸、甚至藍玉、歐陽倫萬千貪官鮮血鑄就的鎮符

終於被一個太監鬆動。真正要命的是，這個太監還不光是想貪點錢，還思索著弄點大動靜出來好名垂青史，這一弄可就真不得了了。

2.3 天裂之禍 —— 土木堡之變

根據馬斯洛（Maslow）需求層次理論，人有了錢就會去追求更高層次的滿足，太監雖然是不完整的人，但也有這樣的需求。王振已富甲天下，現在他就想做一番事業出來，名垂青史。政治人物的想名垂青史，首先想到的當然就是開疆拓域，王振就非常希望能創出一番蓋世武功，讓人忘記他其實是個生理殘缺的閹人。而且武將這個系統不比文官，沒有被嚴格的科舉制度所控，王振可以安插不少親信進入軍隊，逐漸在軍中也建立起一套自己的團隊，並保持向雲南、緬甸一代的土著部落用兵，鍛鍊軍事能力。

當然，打雲南、緬甸主要目的是練兵，真正的對手還得是蒙古草原上的瓦剌。大元帝國早已雄風不再，蒙古諸部裂解成零散的部落，星羅棋布在廣袤的蒙古草原上，絕大多數部落尊奉以瓦剌和韃靼為核心的兩個部落聯盟。瓦剌和韃靼常年耗戰，自相損耗。但恰在明英宗正統三年（西元1438年），瓦剌徹底擊敗韃靼，再次一統草原諸部，成為明王朝北

方的嚴患。瓦剌名義上的可汗是成吉思汗後裔岱總汗脫脫不花，但實力最強的實際上是太師、敬順王綽羅斯・也先。也先氣識弘大，又恰逢蒙古走出谷底後的一個鼎盛時期，志向極其高遠，有意恢復成吉思汗時代的榮光。

蒙古諸部名義上是向明帝國稱臣的下屬，也先也獲得了明廷冊封的敬順王爵位，但實際上是獨立部落。為了籠絡這些部落，明廷開出了非常優異的朝貢貿易條件，讓他們有錢賺，就少打點劫。當然，這種優惠也是有限度的，不能予取予求，朝廷一直有賞賜的額度。但自從王振掌權以來，接受了不少瓦剌貴族的賄賂，進行走私貿易，中飽私囊。其實他的做法和歐陽倫如出一轍，但歐陽倫剛剛冒頭就被太祖果斷鎮壓，現在王振卻沒有人來制約。

有了利益糾葛，王振和瓦剌貴族的關係更加微妙，在官方的朝貢貿易中大開方便之門，慷國家之慨，讓瓦剌多得一些利益。從太宗朝起便有明文規定，每次朝貢的貢使不能超過50人，這是為了控制朝廷賞賜給貢使的金額。但王振專權後這項規定便逐漸廢弛，使團越來越大，到最後竟然達到了2,000人以上的規模！而到正統十四年（西元1449年），瓦剌竟然派出了一個2,500人的使團，並且謊稱有3598人，要求朝廷賞賜。然而結果卻令蒙古人無比意外，王公公突然變得鐵面無私，不但仔細核查了使團人數，只按實際人頭發放賞賜，還單方面將瓦剌貢品的價格削減了80％！

當時瓦剌實力已然不弱，早已生了反叛之心，也先在邊境上與明軍和朝鮮、哈密（今新疆東部）、兀良哈（內蒙古赤峰一帶）等附屬國多次交火，雙邊關係正處於一個危險的邊緣。王振偏偏在此刻發難，其實恰是他內心貪功挑戰，故意激化矛盾。果然，瓦剌方面勃然大怒，分三路大規模南侵，東路攻遼東（今遼寧），西路攻甘州（今甘肅張掖），也先親率中路攻宣府（今河北張家口）、大同（今山西大同），戰場橫跨千里。這也是自元亡明興以來，蒙古首次向中原王朝發起大規模進攻。

　　也先挾一統蒙古之威，攻勢凌厲，幾路都初戰告捷，尤其是親自率兵的中路迅速攻破長城防線，將宣府、大同重重圍困，告急文書如雪片般飛來。宣大是北京的西面屏障，如果失守，瓦剌軍可配合北面和遼東對北京形成合圍之勢，異常重要。王振趁機向明英宗提出應該御駕親征，正面擊退也先。明英宗是何等相信他的玩伴，不與朝臣商議便做出親征決定，並且兩天後就要出發。

　　滿朝文武無不為明英宗這種草率行為感到震驚，尤其是兵部非常反對，指出瓦剌突然大規模襲擊，明軍措置非常窘迫，不可能在這麼短時間內組織起一場御駕親征。但朝臣的反對又正中王振的下懷，時空彷彿穿越到四百年前的宋廷，契丹大舉入侵，朝臣紛紛請宋真宗（趙恆）南遷國都避戰，唯獨大英雄寇準挺身而出，怒斥群臣，喝令真宗御駕親征，最

終宋軍見到黃龍旗親臨一線，士氣大振，陣斃遼軍主帥蕭撻凜，逼迫大遼承天皇太后（蕭綽）、遼聖宗（耶律隆緒）簽下《澶淵之盟》，寇準成為最大的英雄，受萬世景仰。現在，歷史正在重演！宋真宗（明英宗）、蕭撻凜（也先）、蕭太后（脫脫不花）、勸阻宋真宗親征的群臣（勸阻明英宗親征的群臣）都登場了！寇準呢？力促皇帝親征的大英雄寇準呢？除了我王振還能是誰！

王振心潮澎湃，學著寇準的口氣怒斥了反對親征的群臣，明英宗也聽得壯志凌雲，更加堅定地要求立即出征。群臣無奈，只好同意，胡亂把京城附近的部隊拼湊起來，約有十五萬左右，號稱五十萬，全部交給明英宗和王振，前去救援大同，但後勤組織完全來不及措置，武器、糧草其實根本就沒有帶夠。但這些都阻不住王振那顆勇敢的心，大家匆匆就上路了，隨駕的還有英國公張輔，內閣大學士曹鼐、張益，兵部尚書鄺埜，戶部尚書王佐等百餘名勛貴、朝臣。

然而，由於後勤措置太爛，明軍還沒走到大同，糧草就不夠了，又遇到大風雨，士卒、馬匹的屍體鋪滿道路。很多官員力諫應立即回師。王振的英雄夢遭到粗暴的打斷，非常惱怒，以皇帝的名義罰鄺埜、王佐在草地裡跪一整天。見尚書大人尚遭如此體罰，全軍再無貳言，繼續前進。北京到大同之間有兩層長城，明軍從北京出內長城居庸關，沿外長城南側經懷來（今河北省懷來縣）、宣府、天鎮、陽和（均在大

同東北）進抵大同。也先得知明英宗大肆親征，於是定下佯敗誘敵之計，尚未與明軍接戰便解圍北撤。王振大喜：「我早就說只要陛下親征，也先立即就會被嚇跑！」更加高興地催促進軍，準備追擊立功。這時更多的人力諫不可貪功冒進，剛遭罰跪的鄺埜再次進諫請即還師，連王振的親信太監彭德清也力勸他就此回京。但王振立功心切，哪肯就此罷休，帶明英宗在大同駐下，派兵緊追也先。結果第二天王振的親信大同鎮守太監郭敬來報，說前往追擊的部隊中伏大敗，也先確實是在誘敵。

　　王振終於認識到戰爭的殘酷，又連忙讓明英宗回京。但這種做法讓人非常費解，大同是一座堅固的大型城堡，前後都有長城，附近有多個重鎮可以救援，坐擁十餘萬大軍堅守是沒有問題的，現在莫名其妙放棄這個大城堡不守，卻要拖著十幾萬臨時拼湊起來的大軍在迅捷的蒙古鐵騎注視下往回走，這可以近似地看做自殺。

　　更令人驚掉下巴的是，王振突然提出改變回師路線，要走蔚州（今河北蔚縣）入關。戰前本來制定了御駕從北京出居庸關，經懷來、宣府等重鎮抵達大同，然後原路返回的作戰計畫。但王振到了大同後，想起家鄉蔚州就在大同東南150公里。古人衣錦還鄉的意識很強，王振當權後還沒在家鄉父老面前好好威風過，這次邀天子率數十萬大軍，車駕隆隆，聲威浩蕩，豈能不在父老鄉親面前顯露顯露？於是王振要求

2.3 天裂之禍—土木堡之變

改走蔚州，從紫荊關（今河北易縣以西 40 公里的紫荊嶺）入內長城。結果明軍走了一段，王振突然又想起大軍路過，會踩踏他家鄉的田園莊稼，於是又下令折向東北，取道宣府。此戰的形勢如圖 1 所示。

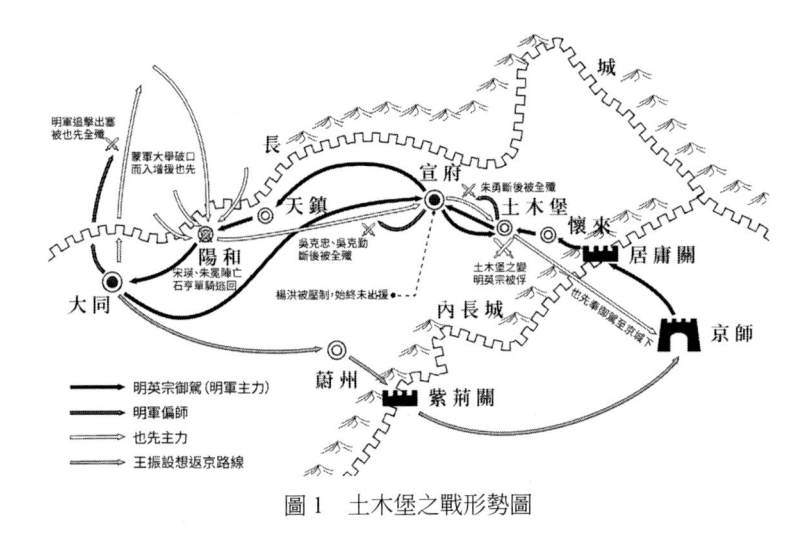

圖 1　土木堡之戰形勢圖

透過圖 1 可見，本來明軍原定路線是沿外長城內側行軍，若遇敵軍突襲，外長城各鎮都便於救援，緊急時御駕也可暫時避入長城某關堅守。但現在明軍先向東南走了一段，又折往東北方向，這個位置孤懸在內外長城之間，兩邊救援都略遠，如果被輕捷的蒙古輕騎突襲，御駕非常危險。眾臣皆力勸既已至此，不如就取道蔚州，趕緊入紫荊關算了。但王振不聽，堅決下令折向宣府。明軍本來心就不齊，現在朝令夕改，往來迂迴，不由得怨聲載道，軍紀渙散，用了十天

才退到宣府。也先探知連忙集結重兵猛追，準備衝擊皇帝御駕，很快就有近十萬騎破口入關，狂追御駕。王振派西寧侯宋瑛、武進伯朱冕會同大同總兵石亨在陽和口拒戰，結果一觸即潰，宋瑛、朱冕陣亡，石亨單騎逃回。

　　這時蒙軍後續部隊還在不斷破口而入，要全力捕捉住這個來之不易的戰果！也先追至宣府，先分兵壓制住宣府總兵楊洪，使其不能出城援戰，再繼續緊追御駕。明軍斷後的恭順伯吳克忠、都督吳克勤部被也先追及全殲，明軍大駭。王振又派成國公朱勇率五萬兵前往拒戰，其餘部隊抓緊撤離。也先集十餘萬鐵騎將朱勇部全滅，很快又追了上來。此時明軍剛撤到土木堡，距懷來縣城還有二十餘里，人困馬乏。眾臣多認為應該再加把油入據懷來縣城，但王振發現有一千多輛輜重車被甩在了後面，如果不等的話，這些輜重很容易被蒙古人繳獲，這其中有他不少私財，所以捨不得，於是下令全軍就在土木堡附近宿營，以待輜重。鄺埜上疏要求就算大軍滯留，也應該先讓御駕入關。王振置之不理，鄺埜心急如焚，單身闖入御帳，跪求英宗快走。王振大怒，痛罵鄺埜是腐儒，令軍士將其打出帳外。

　　就是這一天的滯留，讓也先的大軍追了上來，王振急令全軍入據土木堡。然而土木堡只是一個高地小堡壘，只能作為戰時的火力制高點，哪裡容得下這麼多大軍，尤其缺乏水源，不可能長期據守。也先見這麼多明軍入據此地，大喜，

採取圍而不攻的策略，將土木堡團團圍困，準備渴死明軍。明軍本來就軍心不齊，往來折騰了十幾天，現在嗓子冒煙喝不到水，一個個罵不絕口。也先圍了兩天，猜想明軍身體和心理狀態都到了極限，突然表示願意和談，實則又是誘敵，還故意退兵將土木堡南面的一條小河亮了出來。

明軍各部見狀，不顧軍紀，紛紛搶往河邊飲水。也先伏兵四起，肆意砍殺這些亂哄哄喝水的人。數十萬明軍大禍臨頭，紛紛潰逃。最終，包括大學士曹鼐、張益，尚書王佐、鄺埜，英國公張輔，泰寧侯陳瀛，駙馬都尉井源，平鄉伯陳懷，襄城伯李珍，遂安伯陳壎，修武伯沈榮，都督梁成、王貴在內的百餘名貴、朝臣死於亂軍之中，皇帝被俘虜。而我們的主角王振，被護衛將軍樊忠一錘敲死。此戰，堪稱整個大明王朝史上最慘烈的一場大敗，包括後來亡國之戰都沒有哪一次敗得這麼慘的。而土木堡之變引發的深刻政治影響，恐怕當時還沒有誰能預料得到。

2.4 病灶深處慢性病發

也先在土木堡之變中生擒了大明皇帝，得意洋洋地來到北京城下耀武揚威，並想趁機敲詐。所幸大英雄于謙挺身而出，果斷擁立英宗之弟郕王朱祁鈺登基，重新組織朝廷，進

行了著名的北京保衛戰,擊退瓦剌。

土木堡之變的驚天敗報傳回朝廷,群臣無不認定王振是罪魁禍首。王振的親信馬順還想狡辯,被憤怒的群臣當庭打死。群臣又趁勢將王振之姪王山也當庭打死,郕王被這血腥的一幕嚇呆了,想跑回宮去。所幸于謙拉住他,要求他宣布王振有罪,馬順等餘黨也當誅,所以眾臣打死他們無罪。被嚇傻了的郕王當然一律照辦,後來又照于謙的吩咐登基稱帝,率眾進行了堅決的北京保衛戰,擊退了也先的囂張氣焰。最終也先知道手握明英宗也騙不到錢,只好將其無條件放回。

事後,朝廷將王振誅族,查抄家產時,共籍沒金銀六十餘庫(很少有貪官在計算家產時用到這個單位),玉盤一百餘個,最珍稀的是七尺高的珊瑚樹二十餘株。須知珊瑚形成大型石樹的條件極為苛刻,只能在溫度高於 20°C 但又水深 200 公尺以上平靜清澈的岩礁平臺,滿足這些條件的海域地球上大約只有兩個,一個是印度次大陸南端赤道附近海域,一個是加勒比海的巴拿馬地峽,所以異常珍稀,至於高度在七尺以上的珊瑚更是無價之寶。

晉代貴族王愷和石崇鬥富,王愷炫耀自己有一塊二尺高的珊瑚,石崇瞟了一眼就用鐵如意擊碎。王愷大怒,石崇卻不滿在乎地說:「這麼小的珊瑚有何可惜,我賠你。」於是取出自己收藏的六七枚三四尺高的珊瑚讓王愷任選,王愷「惘

然自失」。可見兩尺高的珊瑚已經足夠王愷這種人炫耀，三四尺更是絕世珍稀。儘管晉代還沒有開發印度和美洲的通商，度量標尺和明代也不一樣，但珊瑚的珍稀也可見一斑，七尺高的珊瑚簡直駭人聽聞！王振居然收藏了二十餘株，只恐當時全地球的君王加起來也沒這麼闊綽的收藏。

　　王振的巔峰和毀滅都可謂來去匆匆。明太祖將腐敗的土壤一掃而空，大半個世紀似乎都沒有腐敗的立錐之地，而一旦王振身敗名裂，查抄出來的贓款之巨卻令人瞠目結舌，完全是一種腐敗巨獸被壓抑數十年，一朝賺斷鐐銬，脫桎怒吼的既視感。但事實卻遠非如此酣暢淋漓，我們說了，腐敗是一種慢性病，而不是急病，它從不急於一時，恰恰最具耐性，只要捱過了明太祖這樣千年不遇的對手，它自然會慢慢恢復元氣，在帝國的肌體上尋到新的病灶，再好整以暇地發育完善。

　　這一次，病魔找到了王振這個突破口，既有其歷史的必然性，也有明朝政治體制的特殊性。而就王振個人來說，他的突然隕落其實也有很大的偶然因素，一場突如其來的土木堡之變，使一刻之前還頤指氣使的大公公，突然腦漿滿地。他一死，大家更是把多年的怨氣撒到他黨羽身上。一員正三品錦衣官被當廷打死，昨天還在耀武揚威的黨羽紛紛俯首就誅，一棟腐敗的參天大廈轟然坍塌。

　　那是不是如果王振稍微冷靜一點，沒有去打這一仗，或

2 天裂之禍：太監王振的逆襲

者智商稍微正常一點別瞎指揮，不輸這麼慘就不會身敗名裂了呢？其實也未必。王振的覆滅有其必然性，只是土木堡之變來得太猛太突然，恐怕連準備對他下手的對手都始料未及。試想，太祖朝鐵腕肅貪的效果會逐漸散去，這個事實是合乎歷史規律的自然演變過程，絕非王振的個人創造，王振只是最先出頭動手的那一個。這恰如一片白茫茫純淨的大地上，卻有一塊散發著腐敗氣息的獵物殘肢破冰而出，冰面下還有無窮無盡的腐肉被冰封了整個漫長的冬季。一大群食腐動物自然會流著口水圍上來，但懾於冰刀霜劍的痛苦記憶，大家暫時不敢動手。而此時，一個智商不怎麼高的閹人卻興高采烈地衝了上去，不顧一切地啃噬起來，後果可想而知。

簡單地說：洪武已死，貪腐當立。

但這個盤子該怎麼分，應該有規矩，只是大半個世紀的絕對清廉卻讓貪腐界陷入了一個史所未有的谷底，大家甚至丟了規矩，讓王振這麼一個閹人抱著盤子吃獨食，這不行。大家都壓抑了很久，急於分食，王振憑藉一些歷史和個人的機遇走在了最前面，這就注定他的身軀也只能被後來者分食。

客觀地說，關於王振的史料其實有不少失之偏頗的地方，正是因為他當了個總背鍋，既然身敗名裂，那麼大家把所有問題都歸結到他一人身上。比如說正統十四年（西元1449年）與瓦剌開戰，其實早已是箭在弦上。也先統一諸部

後實力足以一戰,那自然便要戰,這是大勢所趨,絕非邊境上的那些小摩擦所致。王振清點使團人數,按實際人頭核發賞賜,這難道有錯?王振削減瓦剌的馬價,那確是因為瓦剌方面故意拿些瘦弱馬匹來充良馬,砍價實屬正當。這類小事不能被當做朝廷與瓦剌開戰的真實理由。

當然,土木堡之戰輸得這麼慘,這確實是王振甩不脫的責任,但有些亂潑的髒水我們也需要辨清。比如後人總說王振亂指揮導致慘敗,其實從有確切史料記載的幾次戰役來看,王振所做的無非就是派軍救援大同被也先伏擊,撤退時幾次派兵阻擊也先卻被全殲,這幾次雖敗但說不上是他指揮的問題。最後為了等輜重,大軍暫不撤入懷來縣城,逗留在土木堡被也先追及,這確實是個很大的問題。但人們稱王振是捨不得輜重車裡的私財所以才不進城,此說恐怕又過於牽強。

首先,王振為什麼會將大量私財帶到危險的前線?其次,大軍進退,保護輜重天經地義,王振提出等一等輜重著實不為過。至於鄺埜要求御駕先入關,我覺得這個問題不需要再多作討論,因為明英宗是成年人,還不至於被誰玩弄到連這都不明白的程度,他拒絕拋下大軍自己撤,而是留下來和大家一起戰鬥,我相信這是明英宗自己的選擇,絕對不是王振弄權。最終皇帝被俘,這確實有很大的偶然性,但是皇帝作為成年人,應該自己負主責,而不是怪到一個閹人頭上。

至於後人還說什麼王振想走家鄉蔚州去炫耀,又怕大軍

踩踏莊稼所以改道的說法也是站不住腳的,因為當時時值中秋,蔚州已無莊稼。甚至王振到底是不是被樊忠錘死的都很有疑問,因為樊忠也死在亂軍之中,此說到底是誰傳下來的?而後來明英宗復辟,認為王振畢竟是為國捐軀,在北京為他修了一座智化寺,樹碑立像,並且香火非常旺盛,可見王振當時是享受了烈士待遇的,很可能是文官們覺得他不配戰死沙場,就編了一個被自己人錘死的情節並流傳後世。

除了具體的指揮細節,後世攻擊王振最大的問題就是貪功邀皇帝親征了。這確實是一個很容易誤導後人的提法,因為土木堡之變後,御駕親征成了明朝的一個忌諱,再無一個皇帝親征,從後人的角度看,王振確實是犯了一個大忌。然而這個忌諱恰恰是土木堡之後才形成的,之前絕非什麼忌諱,反而非常流行。太祖自不待言,太宗也是馬上天子,登基後還五次親征漠北,最後還死在征途,被譽為「遠邁漢唐」的一代雄主。宣宗更是被太宗贊為「好聖孫」,甚至有過登基後還上陣親手殺敵的紀錄,只恐漢武唐宗泉下有知,亦要對他欽敬有加。所以明英宗御駕親征在當時是再正常不過的一件事,豈能敗了又回過頭來怪一個太監?

那土木堡之變此等天裂大禍,不怪王振到底怪誰?其實,純粹從軍事角度出發,這場敗仗似乎也沒有太大問題,是沒有無線電和衛星之前古代軍隊常犯的錯誤。明英宗隨駕的明軍規模太大,又是臨時拼湊,組織機動能力太差,被輕

捷迅速的蒙古輕騎捕捉到了撤退路線，確實容易受到衝擊後潰亂。但真正的問題不在這裡，而在於明軍一直沿著外長城內側機動，並沒有脫離幾大要塞的救援範圍，卻始終沒有出現任何援兵，蒙古軍破口也異常順利，更重要的是也先在長城內來去自如，卻沒有任何明軍去抄他的後路。

看到這裡您可能快要明白了，明英宗其實是在長城駐守重兵的注視下，被也先一路追擊到土木堡再被衝潰。沒錯，內外長城無數關隘的駐兵眼睜睜地看著自己的皇帝被瓦剌騎兵追了幾百里路，最後把御駕團團圍困，直到生擒了皇帝。

他們沒有出手，他們真的忍住了沒有出手！

這其中最可疑的莫過於宣府總兵楊洪、大同總兵石亨兩員主將。石亨接王振軍令，會同西寧侯宋瑛、武進伯朱冕阻截重新破口入關的也先，結果全面潰敗。這當然有一些客觀理由，尤其是沒想到那麼多蒙軍（甚至可能有三十萬騎）突然不要命地大舉破口而入，將他們淹沒。但全軍覆沒，宋瑛、朱冕均陣亡，石亨卻單騎逃回，這也足夠可疑。楊洪就更可疑了，他一直宣稱自己遭到岱總汗、也先、阿剌知院、賽刊王、伯顏帖木兒等大量蒙軍主力重兵集團壓制，確實無法出援。

但事實上很清楚，後來也先窮集數十萬兵力全部投入到圍攻明英宗御駕的決戰中來，不可能始終對楊洪或者任何據點保持重兵壓制，他們無論如何總有一點點機會出援的。事

實上，據堡壘側擊路過的大批敵軍是一種非常成熟的經典戰法。宋哲宗元祐七年（西元 1092 年），著名軍事學家、環慶經略使章楶在一座僅能容納 1.5 萬宋軍的洪德寨（今甘肅環縣以北 30 公里）小堡壘，側擊路過的小梁太后親率四十萬西夏大軍，大獲全勝。後來章楶發表了大量相關論述，成為明軍的經典教材。楊洪及其周邊的大批關隘鎮軍完全可以教科書式地側擊前往追擊明英宗御駕的也先大軍，他們只是集體忍住了沒出手而已。

所以，土木堡之戰世紀大敗的主因，自然有明英宗準備倉促的一面，但敗得這麼慘以至皇帝被俘，恐怕就得追究眾多鎮將眼睜睜看著御駕被追擊甚至圍攻卻不出援這個問題了。造成這樣局面的真正原因恐怕還是邊將或多或少跟瓦剌有一些勾結，畢竟大家在長城內外打了這麼多年交道，今天蒙古人來朝貢，明天就來打劫，來來去去大家心裡都有數，邊將和蒙古貴族們不是至交也混了個臉熟。其實當時邊軍與蒙古通婚的不在少數，生意上的往來就更不用說得太細了。這次也先親率大軍突入長城，我們也不好意思一下子包辦人家了不是？什麼？把皇帝都俘虜了？這……有點意外。這真是意外。什麼？王振公公死在了亂軍之中！我敢說這就絕對不是意外了。這極有可能是滿朝文武（至少是很大一部分人）一個默契的安排，借也先之手，砍在了王公公的身上。砍他當然也不是為了反貪，而是為了跟他搶食，搶得太猛，把他

也囫圇吞下去了。

所以，土木堡之戰，是一場必打之戰，並非王振一個人挑起，也不能說是被王振搞壞了的。而且就算沒有土木堡，還有金水堡，總之王振當時已經是眾矢之的，最終是難逃一死的。他重啟了貪腐這個不可避免的病發過程，也完成了歷史使命，被更多的人連骨帶皮地撕咬得渣都不剩。不過死去的只是他個人，宦官這個集團卻被證實是貪腐的絕佳平臺，從此竟成跗骨之蛆，在貪腐這個大舞臺上再也不會離去。

具體到王振個人來說，他是不是大貪官？是，而且是壞得入骨的那種鉅貪，他甚至堪稱明朝官場離明太祖鐵腕肅貪年代逐漸久遠，效果逐漸耗散的一個代表性人物。但他畢竟只是一個人，真正可怕的是連王振都撕咬了的那個群體，這一點我們更需看明。大明王朝已經失去了明太祖這位最強悍的鬥士，接下來的兩百年，就要面對捱過了明太祖肅貪風暴的進化病毒了。另外，王振還現身說法，告誡後世的貪官尤其是宦官：貪腐，就是個慢性病嘛。貪官，就應該慢慢享用民脂民膏就行了，何必去搞那些大動靜？那麼，王振身後，連他軀體都一併撕咬了的那群人，將如何開啟一個陰暗深沉的掘腐程式？

2 天裂之禍：太監王振的逆襲

3
奪門：連于謙都碾碎的貪廉劇鬥

3 奪門：連于謙都碾碎的貪廉劇鬥

土木堡之變，鉅貪王振在空中隕落，爆裂之後的財富散落四方。現在，太監知道不能吃獨食了，文官、武將乃至親王都要來分一杯羹。在北京保衛戰中立下大功的人們摩拳擦掌，該我們收穫了！然而，明太祖之後的又一堵高牆擋在了他們面前。于謙，一手補天裂的蓋世英雄，他那種連皇帝性命都絲毫不顧的一片公心，簡直是為臣版的明太祖。然而貪官再不能忍，徐有貞、石亨、曹吉祥，一位文官、一員武將、一個太監，這對組合掀起了貪廉劇鬥的滔天巨浪，終於藉助「奪門」奇案騙取了明英宗的信任，鬥敗于謙，重開貪腐盛世。

連于謙這位超級英雄都能鬥敗，貪官們的氣焰囂張上了天，直到有一天，明英宗終於省悟。然而幾個大貪官又豈肯交出到嘴的肥肉，太監謀反，一場比奪門更加奇異的政變，終於為英宗朝的貪廉劇鬥畫上一個令人嘆為觀止的句號。

3.1 一手補天裂

土木堡之變，超乎所有人想像的天裂大禍，幾乎將建立不足百年的大明王朝一舉摧垮，幾乎讓蒙古人看到重現大元帝國榮光的一線希望。然而滄海橫流方顯英雄本色，我們的蓋世英雄橫空出世。辛棄疾的那句「看試手，補天裂」並沒有

在開禧北伐中實現，卻是一直等到 240 年後才終於找到屬於它的主人——于謙。

于謙，生於明太祖洪武三十一年（西元 1398 年），卒於明代宗景泰八年（明英宗天順元年，西元 1457 年），明太宗永樂十九年（西元 1421 年）辛丑科進士，明代最偉大的民族英雄。于謙很小就表現出驚人氣質，七歲時就有一位高僧見到他便驚呼：「他日救時宰相也！」于謙 23 歲中進士，深得明宣宗（朱瞻基）器重，歷任監察御史、巡按江西等要職。于謙一生以清正剛直著稱，明英宗正統十一年（西元 1446 年），已任兵部右侍郎（正三品加銜）、巡撫河南山西九年，政績頗高，朝廷將其加銜晉升為兵部左侍郎，享受二品俸祿。

于謙非常清正，每次進京從不帶禮物，京官們多少有些失望。有人勸于謙：「您不肯送金銀，難道不能帶點土特產？」于謙莞爾一笑，甩了甩兩隻袖子，說：「只有清風。」吟詩一首：

絹帕蘑菇及線香，本資民用反為殃。

清風兩袖朝天去，免得閭閻話短長。

這就是「兩袖清風」的典故。所幸當時三楊主政，不需要送禮，于謙每次進京辦事，上午彙報，下午就可以得到批覆，還沒有感受過吃拿卡要的風氣，所以愈發正直。然而三楊去世後王振當政，風氣為之一變。碰巧當時有一位御史也

叫于謙，曾經頂撞過王振，王振暗中記下「于謙」這個仇人。

有一次于謙向朝廷舉薦參政王來、孫元貞二人接替自己的巡撫職位，巡撫是中央派駐在地方的協調官，參政則是布政使的副官，相當於副省長，于謙舉薦參政接替巡撫本是很正常的人事工作，但王振把兩個于謙搞混了，看到舉薦奏疏覺得是個機會，準備整他。而那些每次眼巴巴望著巡撫大人送禮卻被于謙搞得大失所望的京官們一聽說王公公準備整這傢伙了，興奮得汪汪直叫。

通政使李錫彈劾于謙擅自推薦人選取代自己，是因為久久不能提拔，以此來表達對朝廷的怨氣。法司據此將于謙逮捕下獄，上升到了毀謗朝廷的高度，甚至準備論死。結果羈押三個月後，王振終於搞清楚自己認錯人了，於是釋放于謙，但貶官為大理少卿（最高法院副院長，正四品）。從死刑到貶官，全都繫於王振一句話，認錯人，可見當時明朝的司法公正已經受到權力的侵染，不再是明初那般清正。

不過于謙威望已經很高，河南、山西的吏民伏闕上書，請求留下於大人，周王、晉王兩位藩王也出面讓于謙回當地。須知明太宗係藩王造反成功，他深知藩王對中央集權的威脅，大大限制了藩王的權力，藩王也明白參政的敏感性，一般不輕易干政。現在兩位藩王甘願冒政治風險出面干涉于謙的任職，可見人望之高。王振也無奈，只好同意于謙以大理少卿銜巡撫河南、山西。于謙這一做，就又做了十年，在

兩省巡撫任上一直做了十九年。

正統十三年（西元 1448 年），于謙終於升官了，朝廷召其為兵部左侍郎。第二年也先大舉入寇，兵部尚書鄺埜隨明英宗親征，于謙在兵部主持工作。旋即，土木堡大敗，皇帝被俘，大量公卿突然死亡，也先趁機攻向北京，宣府、大同、紫荊關、古北口、密雲的守軍紛紛潰敗，瓦剌數十萬大軍在北京城下成功會合，包圍九門。也先提著明英宗在城下耀武揚威，要城內的人趕緊投降。

面對這樣的窘境，北京的留守朝廷陷入一種癲狂狀態，很多人在危急關頭並不是首先考慮如何禦敵，而是追責甚至洩憤。眾人怪罪是王振造成天裂之禍，當庭打死了王振的黨羽錦衣衛指揮使馬順。明英宗出征後，皇弟郕王朱祁鈺監國，但這位長在深宮的皇子又豈是大將之才，現場看到活活打死人這樣的場景，居然嚇得站起來就跑。于謙連忙拉住郕王，讓他當庭宣布王振有罪，馬順該死，又拚命在一片混亂中安撫殺紅了眼的官員們，終於讓大家漸漸冷靜下來，一片混亂之中，于謙的袍袖都被扯得碎粉！事後，留守北京最大的官員吏部尚書王直緊緊握住于謙的手，激動得泣不成聲：「國家全靠先生了，一百個王直都沒用！」于謙也毅然擔起責任，以區區侍郎身分主持朝廷工作，應對土木堡之變這樣前所未有的巨大突發危機。

翰林侍講徐珵首先提出應該南遷首都以避戰。明朝本有

3 奪門：連于謙都碾碎的貪廉劇鬥

南北兩京，危機時刻，暫遷南京也合情合理，郕王初時也很心動。畢竟也先挾土木堡大勝之勢，風雷般撲向北京，群龍無首的明廷確實非常危險。但是于謙力排眾議，怒斥徐珵，要求郕王必須留在北京，堅決打擊也先的囂張氣焰，不能遷都避戰。很顯然，于謙才是真正的寇準再世，王振完全沒有踩準節奏。

不過現在明廷的情況，可比寇準時的宋廷危急得多，尤其是國不可一日無君，眼下明英宗被敵人俘虜，敵人還以其為要挾，形勢對比過於懸殊。于謙當機立斷，要求擁立郕王為帝，主持大局。郕王也很愕然，向于謙表示謝意，于謙卻凜然道：「臣等只是憂國，不是為了私計。」很快，明廷決定，由郕王即位，改次年為景泰元年，史稱明代宗、景泰帝。遙尊明英宗為太上皇，並將明英宗兩歲的兒子朱見濬立為皇太子，以安人心。

由於明英宗帶走了京營的核心架構，並在土木堡全部打散，現在北京的防禦確實很空虛。但于謙並不驚惶，以景泰帝的名義傳檄九邊勤王，很快聚集了 22 萬大軍，包括在土木堡之變中作壁上觀，不及時出援的一些宣府、大同主力將領。這其中最主要的是鎮朔將軍、宣府總兵官楊洪和都督同知、大同總兵官石亨。儘管他們在土木堡之變中形跡可疑，尤其是石亨在陽和口一觸即潰，將明英宗暴露在蒙古輕騎的直線追擊下，已被免官調查。但他們畢竟久為邊將，威望和

軍事素質都極高，國家用人之際，軍事上必須仰仗他們。于謙用楊洪率兩萬宣府精兵守住北京正門，石亨為右都督，掌管五軍大營。楊洪、石亨又舉薦了很多正在接受調查的將領，于謙將他們分派鎮守九門和紫荊關、居庸關等重鎮。

于謙在北京準備停當，也先的大軍也很快來到城下。其實以國家實力對比，也先也不至於能將大明一口吞下，衝擊北京也只是為了搶奪更多利益，不過做得越嚇人，訛到的錢也就越多。由於手握明英宗這個巨大的人質，也先自信能騙到不少，獅子大開口向太后（明宣宗皇后孫氏）開出了一億兩白銀的價碼！要知道中國自古是一個貴金屬匱乏的國家，在美洲大開發之前，金銀是很稀有的，明朝一年的財政收入也就是兩百萬兩白銀左右，這個數字顯然是不現實的。不過太后和皇后還是很積極地籌錢，爭取能盡量讓也先大爺滿意。但是後宮的私財能有多少，也先瞄準的是國庫。現在于謙掌權，他顯然不會從國庫中支出一分錢來贖人，而是要堅決打擊！儘管錢皇后不斷地湊到錢，私下派人跟也先保持溝通，但于謙卻下令北京各門堅守，並計誘也先大軍輕入，在北京城下痛擊了瓦剌軍。

也先一時也搞不清楚皇后和于謙之間到底是有分歧還是合夥在騙自己，但無論如何手中有皇帝這樣的人質，明軍還敢這樣痛擊自己，不怕撕票麼？繼而明軍又多次打擊瓦剌軍，而且于謙派兵守住紫荊關、居庸關等後路，讓跟著也先

3 奪門：連于謙都碾碎的貪廉劇鬥

入關來撿錢的部落大為驚惶，一時矛盾四起，搞得也先反而焦頭爛額。站在也先的角度，這很讓人想不通。也先拎著明英宗來到城下，對著城上大喊：「你們的皇帝在我手上，應該是我要挾你們才對！你就算不肯馬上給錢，也應該客氣點好好商量對吧？怎麼敢真對我動手？」

也先覺得自己問得理直氣壯，于謙簡直都不知道該怎麼回答。然而于謙的回答令所有人都無比震驚——他直接對著城下的也先開了炮！

沒錯，于謙沒有答話，而是直接對著手裡拎著明英宗的也先開了炮！猜想明太祖和胡三舍泉下有知，都會被這份決絕所震撼。雖說儒生均知亞聖有訓：「民為貴，社稷次之，君為輕。」但對著君王開炮的畢竟前所未有，除了造反的也就只有于謙做得到了。不過當時更直接的效果是追隨也先的眾多部落徹底崩潰了，這個回答很堅決地表明漢人已經不想要這個皇帝了，這一炮當然沒有擊中也先和皇帝，但也先太師許下捏著這個人質，就能跟隨他入關來狂搶而沒有絲毫危險的承諾已經被這一炮擊得粉碎。

沒辦法了，也先只好氣急敗壞地帶著諸部開始撤退。由於慌不擇路，于謙又早已在他們的退路做好守禦，蒙古諸部在歸途中頻遭打擊，各部落的損失甚至比明軍在土木堡更大。挾大勝之勢，手握對方皇帝做人質，結果反而敗得如此之慘，也先不被氣死已經是心理素質出眾了。至於明英宗，

也先灰溜溜地把他挾回草原，又跟朝廷反覆交涉，于謙代表朝冰冷拒絕。也先又私下和錢皇后連繫，皇后倒是很積極地籌款想把老公贖回來，但一則她私下籌的錢太少，二則沒有管道送出去。就這樣拖了一年，也先一分錢都沒得到，白養了皇上一年。最後，也先也失去了耐心，灰溜溜地把明英宗無條件送回。至此，土木堡之變圓滿解決，擊敗了瓦剌侵略者，「救」回了被俘的明英宗，而這一切，都是于謙的功勞。

蓋世英雄！在皇帝被俘、滿朝痛哭的混亂局面下，于謙挺身而出，定王振的罪，否決遷都，擁立新帝，痛擊侵軍，拒絕和談，最終迫使也先主動將明英宗送回，這比寇準簽訂《澶淵之盟》的功績更加偉大！南宋權相韓侂冑曾發起規模浩大的開禧北伐，大文豪辛棄疾激動地寫下了「看試手，補天裂」的豪邁詩句。但事實上，開禧北伐最終草草收場，這句豪氣通天的詩詞一直等到 240 年後，才找到真正配得上他的主人──于謙。

對於朝廷而言，權力結構已經發生劇變。明英宗由皇帝變為太上皇，更重要的是他的班底已經在土木堡死光了。景泰帝新登皇位，在北京保衛戰中立功的文武大臣迅速填充成為新的班底。這其中，最重要的當然還是于謙。于謙不但救天下於水火，他的一身正氣更是令政壇為之一振。本來大明官場似乎有一種明太祖鐵腕肅貪的效果逐漸散去的效果，貪官汙吏和違法亂紀行為逐漸抬頭，甚至出現了王振這樣的鉅

貪，但于謙的橫空出世卻似一泓清氣，重新澄明宇內。而他那種面對敵人拎著皇帝當人質，卻毫不猶豫地一炮打過去的果敢決絕，比之明太祖親斬胡三舍亦毫不遜色。

這簡直就是一個為臣版的朱元璋，面對又一個如此量級的對手，貪腐惡魔不禁皺起了眉頭。

3.2 宮鬥三人團

其實土木堡之變明英宗敗得非常詭異，尤其是長城內外各大重鎮的駐兵，眼見明英宗行走在危險的草原上，甚至也先已經追及御駕時仍不出援，導致百年不遇的慘敗。對此，不少人從陰暗面分析，認為這其中暗藏陰謀。比如有人認為並非是王振，而是某些官員故意慫恿明英宗親征，並帶上許多重臣，然後與也先、邊將勾結，造成一場大敗，將這些重臣一網打盡，回頭再把責任推給王振，反正王振也死無對證了。他們這樣做的目的是為了完成明廷的權力換代，尤其是要把王振等人的利益攫到自己的盤子裡。

這些說法充滿了陰謀論的味道，不可盡信，但也不可不慮。至少，王振是一個率先冒頭的鉅貪，他被打掉後，明廷開始了一個瓜分其利益遺產的方式，這點毫無疑問。這無論如何都點出了當時明朝政壇的一個重要特徵：大明王朝建立

近百年，也受到明太祖鐵腕肅貪的重壓近百年，貪腐這個慢性病已經被壓抑了這麼久，終於要找到新的病灶重新發育了！而永宣盛世留下的班底，依然對病魔的復甦非常不利，尤其令人意外的是，在這個過程中突然崛起的于謙，又是那麼的剛正，成為繼明太祖之後，又一堵屹立在貪官汙吏面前的高牆。不過貪官最大的特點就是膽大，他們是沒有被嚇跑的。胡惟庸這種小吏，為了攬權貪財，勇於向戰神徐達、「小諸葛」劉伯溫伸出黑手，甚至蓄謀要和「驅逐胡虜，恢復中華」的蓋世偉人明太祖生死相搏。現在，區區一個于謙，他們就怕了嗎？更何況，立功的也不止于謙一個，很多人藉著大功竄上高位，他們也並非沒有資格和于謙掰一掰手腕。

　　石亨本來是土木堡之變中的敗軍之將，正是他的潰敗將明英宗暴露在了也先的直線追擊下。而大潰敗之後，他卻毫髮無損地單騎溜了回來，這本身就讓人生疑。但當時精銳將校損失殆盡，于謙用人不疑，力薦石亨、楊洪等在土木堡之變中表現不佳的將領擔當大任。結果石亨等似乎知恥而後勇，奮勇血戰。儘管途中石亨又一度怯戰，要求于謙開門放自己進城，但于謙不答應，要求城下的部隊力戰，石亨倒也沒有丟臉，沒有逃遁，而是背水一戰，痛擊瓦剌，立下大功，戰後封武清伯，加太子太師，提督團營，躍升為軍中大佬。

　　從人生谷底突然走上巔峰，石亨深知多虧了于謙，而由

於明朝的制度，武將立戰功才能封世爵，文官一般是沒有這樣機會的。所以這一戰下來，石亨世封武清伯，功勞最大的于謙卻沒有封爵，石亨反而覺得有點不好意思，為了表示感謝，石亨的做法是向朝廷舉薦于謙的兒子于冕出任都督前衛副千戶，以形成一定程度的世襲。但于謙卻堅決制止了這種做法，還說：「國家多事，臣子義不得顧私恩。石亨身為大將，沒聽說他舉薦一位隱士，提拔一名戰士，以強軍助國，而獨獨舉薦大臣之子，這合乎公議嗎？」石亨一片好心卻被打了臉，不由得勃然大怒。而且漸漸地，石亨發現于謙雖然幫了自己大忙，但確實沒有半點私心，並沒有把他當自己人。石亨常有一些謀取私利的小動作，均被于謙制止，感激之情逐漸散去，仇讎過節次第累積。貪官汙吏最大的伎倆就是結黨營私，所以要抓住各種機會以私利結交，于謙這種不合作的姿態讓他們很不爽。

當然，于謙不願與石亨結黨，還有的是人願意，除了軍中很多人想仰仗新大佬石亨提拔而投效的軍官，石亨還需要文官和宦官這兩條線上的同盟，徐有貞和曹吉祥很快成為了他的盟友。

徐有貞其實就是在土木堡之變發生時，首先倡議南遷首都以避戰的徐珵改的名字，當時于謙就當眾痛斥了他懦弱怯戰的行為，激起了郕王和百官奮勇抗戰的決心，但徐珵的官聲也就算徹底毀了。景泰帝繼位後，徐珵謀求從翰林侍講晉

升為國子監祭酒，本來已經通過了多官會推這個最關鍵的環節，內閣也審議通過，報給皇帝御批。結果景泰帝卻鄙夷道：「這不就是當時提議南遷的徐珵嗎？他為人這麼差，會壞了國子監學生們的心術！」竟然否決了朝廷決議。徐珵以為是于謙從中作梗，深恨于謙。同時，徐珵明白自己仕途無望，於是想了個辦法，改名徐有貞，居然矇混過關，三年後升為右諭德，繼而借治理黃河立下大功，連續升遷左僉都御史、左副都御史，最後登閣拜相，後來有人發現所謂徐有貞就是徐珵時，他官已經升上去了。這個過程免不得有人大力舉薦，也需要司禮監太監幫忙打圓場，不然很容易露餡，這個太監便是曹吉祥。

曹吉祥本是王振的門下，略通軍事，王振最喜派他外出監軍。多年來，曹吉祥跟隨朱勇、陳懋等名將轉戰麓川（今緬甸中部）、兀良哈（內蒙古東部）、福建等地，多有戰功。明軍出征，除了正規明軍，還經常徵發一些蕃族部落助戰。曹吉祥心思縝密，每次出征都要結交從征的蕃族將領，籠絡為私黨，甚至帶回京城蓄養，形成了一個龐大的祕密私人武裝。但隨著王振的隕落，明英宗下野，他在後宮的地位一落千丈，這時他也在積極尋找能夠結盟的對象。

於是乎風雲際會，徐有貞、石亨、曹吉祥，一個文官、一個武將、一個宦官抱著結黨營私的目的走到了一起，他們相互扶持，在各自的戰線上為盟友提供助力，很快形成了一

個強大的利益集團。但這個集團始終面臨一個高聳入雲的障礙——于謙。于謙在土木堡之變中立下蓋世奇功,朝野稱頌。更重要的是,于謙堪稱讓景泰帝撿了皇位的首功之臣,景泰帝對他更是感激涕零。奸臣構陷忠良的一大傳統招數就是向昏君進讒言,借昏君之手冤殺忠良。但且先不說景泰帝是不是昏君,要在他面前進于謙的讒言也完全不現實。三位研究良久,要扳倒于謙這堵高牆,實現貪腐盛世,必須做到兩點:

(1) 要除掉景泰帝這個大後臺。

(2) 他們要立下一個比于謙更大的奇功。

這樣的功,當然就只能是擁立一個新皇帝咯。

3.3 奪門復辟

土木堡之變後,在于謙的力倡下,郕王朱祁鈺幸運地當上了皇帝,遙尊明英宗為太上皇。一年後瓦剌無奈放歸了明英宗,回到北京的太上皇相當尷尬,景泰帝讓他在南宮居住,實際上是軟禁了起來。不過明英宗也一直很安靜,從未有非分之想。

然而,就算景泰帝對自己的皇位能夠放心,兒子的問題卻繞不過去。于謙議立郕王為帝的同時還有一個附加條件,

就是冊立明英宗兩歲的兒子朱見濬為皇太子，表明景泰帝確實是臨危受命，而不是篡位，大明的世系並未因此發生偏移。但人都是有私心的，景泰帝坐穩了皇位就要開始考慮身後事，誰當了皇帝不想讓自己的子孫後代世享大位呢？景泰三年（西元 1452 年），景泰帝終於做通了工作，將太子朱見濬廢為沂王，改立自己的兒子朱見濟為太子。這種背信棄義的做法讓很多人不滿，更讓本已看透世事，準備在南宮了卻餘生的太上皇明英宗，心中也泛起了一絲波瀾，這種人心的細小變化，往往逃不過貪官們細緻入微的察覺。更要命的是，朱見濟很不爭氣地在被立為太子次年就夭折了，年僅五歲。朱見濟是景泰帝的獨子，他死後景泰帝拒絕再立太子，而景泰帝自己的身體也越來越差，大明的未來變得撲朔迷離，機會就是這樣出來的。

景泰八年（西元 1457 年）初，景泰帝病重，臨終前召重臣託孤，其中包括石亨。石亨料定景泰帝命不久矣，於是找到曹吉祥、徐有貞等商議，幾人議定，現在沒有太子，景泰帝也拒絕冊立皇儲，顯然只能由朝廷議定新皇人選，無論是復立英宗、沂王還是外鎮藩王，都是文官們的事兒，功勞落不到自己頭上，所以他們必須搶在文官們議定人選之前推一個「自己人」來當皇帝，而這個人選只有明英宗最合適。

議定後，就是八仙過海各顯神通了。曹吉祥前往連繫孫太后，因為君位繼承理論上是皇室家事，老太太占有法理制

高點,她的意見非常關鍵。當初擁立景泰帝,冊立朱見濬為太子都是以孫太后的名義釋出,所以必須得到她在名義上的支持。而曹吉祥是宣宗朝就進宮的老太監,與孫太后有舊,容易溝通,他向太后稟明復立明英宗之意,太后當然願意自己的親兒子再當皇帝,表示支持。接下來還有一件要事,那就是算命。造反這種事兒不先算個命大家不安心,但石亨、曹吉祥這些粗人是不會的,這時就該大才子徐有貞出手了,他可不是用簡單的易經八卦,而是透過更高階的紫微命數算出,正月十七日三更時分適合起事。

　　正月十六日晚,徐有貞連繫靖遠伯、守備南宮王驥,太子太保、左都御史楊善等願意參與復辟的退休高官夜入朝堂,提前準備第二天早朝事宜。石亨假傳瓦剌入寇,調集了大批精兵進京,號稱保衛京城安全。結果徐有貞開啟紫禁城大門,放石亨部隊進入禁宮。徐有貞還鎖上大門,並將鑰匙丟進河裡,以防外部援軍趕來。此刻天氣突變,烏雲密布,眾人本來心理壓力就大,見有天變更加驚惶,以為自己有違天意,會遭天譴。徐有貞急忙站出來,說這裡只有我精通天象,這恰是皇位更替的象徵,大家不要怕,馬上就成功了!大家才定下心來,繼續前進,去南宮取明英宗出禁。明英宗被景泰帝鎖在南宮,鑰匙早就毀了。石亨像攻城一樣帶兵用楢木播開厚牆,闖了進去。明英宗見有人播牆而入,大驚失色,還以為是有人來行刺,結果眾人俯伏山稱萬歲,方知是

來請他復辟。明英宗不明情況，還有些猶豫，但石亨等人此刻卻情緒高漲，簇擁著他就往奉天殿趕。路上，明英宗挨個兒問清楚諸人姓名，以示不忘功臣之意。

石亨大軍簇擁著明英宗前往奉天殿正殿，一路不斷有值夜的衛士制止，均被明英宗喝止。衛士大多認識明英宗，見他突然出來了，無不驚駭，誰人敢阻。徐有貞請明英宗坐回御座，率王驥、楊善等老臣山呼萬歲，相當於行了復辟之禮。此時天已微亮，石亨敲響鐘鼓，通知群臣入朝。群臣依次入班，卻見御座上不是八年來熟悉的皇帝朱祁鈺，而是太上皇朱祁鎮，不由得面面相覷。這時徐有貞站出來大喊：「太上皇復辟了！」明英宗也向大家宣布：「景泰帝病重，群臣迎朕復位，諸位臣工不必驚慌，仍保持原來的官職。」徐有貞又率王驥、楊善等重臣參拜，群臣也只好跟著參拜，明英宗終於重新坐回皇位，改元天順。另一方面，景泰帝正在乾清宮梳洗，準備臨朝，聽得太上皇復辟的消息，只是連說了幾聲：「好，好，好。」便頹然回到床上，重新睡下。二月初一，明英宗下詔廢朱祁鈺仍為郕王。二月十九日，朱祁鈺卒，以親王禮下葬。

由於石亨等人是撬開南宮門，救出明英宗，又奪門而入正殿復位，所以史稱「奪門之變」。

復辟就意味著清算，明英宗復位宣諭朝臣畢，立即將東閣大學士王文、兵部尚書于謙等下獄，稱他們密謀議立東

宮，又與太監王誠、舒良、張永、王勤等合謀，準備迎立襄王（朱瞻墡，明仁宗第五子、明宣宗之弟）之子為帝，屬謀反行徑。徐有貞發動言官系統的黨羽製造輿論，又指示負責審理此案的都御史蕭唯禎將此定為謀逆，要判死刑。王文非常激動，激辯此係誣告。于謙卻笑道：「這是石亨等人的意思罷了，辯之何益？」司法系統很快裁定王文、于謙謀反罪名成立，判棄市（在街市上公開處決，對儒學出身的文官來說是極大的侮辱），家屬流放充軍。

判決奏章到了明英宗手中，明英宗還有些猶豫，說：「于謙實在是有功之臣。」徐有貞力勸准奏，拿出于謙當時射向他那一炮來說事。明英宗雖然對于謙此事確實有些心寒，但畢竟明白于謙這是公忠體國，還是不願。徐有貞又說：「不殺于謙，復位這事便師出無名啊！」明英宗心中一凜，終於下定了決心，批准判決。正月二十三日，于謙被押往崇文門——這座他曾誓死捍衛的城門前——處斬。

徐有貞還派人到于謙家裡抄家，希望能抄出點資財來，證明于謙是個貪官。然而于謙家裡卻真如他自己所說，清風滿室，家無餘貲。好不容易發現有一件房鎖得很嚴密，疑似有什麼珍貴的東西，結果開啟一看，是御賜的蟒衣、劍器。徐有貞也不得不感慨于謙確實是清正廉明，令人欽佩。不過對于謙的迫害還是不能停止，遂溪（今廣東湛江遂溪縣）教諭（教育局長）吾豫進言說于謙應該誅族，而且但凡于謙舉薦

的文武官員都應該處斬。但朝廷最終沒有同意,維持于謙本人死刑而止。錦衣千戶白琦請示將于謙的罪行刻在銅板上以示天下,一時間希望向石亨集團邀寵的小人紛紛跳將出來,指出于謙的罪惡。石亨、徐有貞、曹吉祥等人洋洋得意地看著這樣的場景,他們心中高興的不僅僅是打擊了政敵,更高興的是看到有這麼多人站在自己這個陣營,果然只要扳倒于謙,貪腐盛世指日可待!

當然,這世間也絕非貪官遮天。史載于謙死之日,「陰霾四合,天下冤之。」有一位叫朵兒的指揮,本來是曹吉祥的部下,現在應該彈冠相慶才對,但朵兒良心未泯,在于謙死的地方酹酒祈禱,失聲慟哭。曹吉祥見手下出了這麼個叛徒,非常生氣,用鞭子把他打跑。但第二天朵兒又繼續來酹酒慟哭,街市軍民都看見了,曹吉祥也沒有辦法。都督同知陳逵本來與于謙沒有交往,但感其忠義,收拾了于謙的遺骸並安葬。

須知棄市是一個政治處罰,誰來收了遺骸就表明承認與死刑犯是同黨,所以大多數被棄市的政治犯連至親都不敢來收屍。陳逵不顧政治風險,出面為于謙收屍,正是被他那種大公忘私的精神所感,毅然挺身而出。而孫太后曾多次與于謙交鋒,一是于謙拒絕太后出錢贖回明英宗,二是于謙請太后同意擁立景泰帝登基,三是要求冊立朱見濬為太子。儘管于謙每次向太后提要求都帶著冰冷生硬的命令口吻,讓人

一時很不舒服，但太后畢竟明白於大人是公忠體國，絕無私心，所以內心很敬仰這位鐵骨錚臣的蓋世英雄。最初孫太后不知于謙被殺，知道後哀嘆數日。明英宗見了大家的反應，其實也很後悔，但又不敢輕易承認錯誤。而真正應該讓他感到憂心的是，貪腐陣營在挺住了明太祖鐵腕肅貪之後，又扳倒了于謙這位為臣版朱元璋，他們的盛世真的要來臨了。

3.4 貪官一擊滅監察

由於有了奪門大功，石亨、徐有貞、曹吉祥等人仕途大暢。石亨封忠國公，加太子太師，佩鎮朔大將軍印，提督團營（京師三大營改編的陸軍主力），總攬軍權。徐有貞封武功伯、兵部尚書、華蓋殿大學士（內閣大學士有華蓋殿、謹身殿、文華殿、武英殿、文淵閣、東閣的秩序，但不一定滿員，在職閣員中排名相對最前的即為首席輔政大學士，華蓋殿大學士若在職則為名符其實的首相）、世襲錦衣衛指揮使。曹吉祥則由景泰朝的冷宮老太監重用為司禮監掌印太監，成為大公公（也有一些考證認為他因不識字，其實沒正式當過司禮監掌印太監）。三人分別成為武將、文臣、宦官三大系統的大佬。這些人一朝得逞，很快暴露了可怕的嘴臉。

當時和石亨一起戴罪立功的將領很多，軍中資望尚在石

亨之上的當屬楊洪。楊洪的祖父楊政是隨太祖開國的功臣，官封漢中百戶。其父楊璟則隨太宗靖難，壯烈犧牲。太宗登基後對楊家禮遇甚厚，讓楊洪世襲父祖軍職，楊洪也不負眾望，屢立戰功。尤其是永樂八年（西元1410年）明太宗親征漠北，追至蒙古人的聖河斡難河畔，本雅失里大汗背水一戰，楊洪搏殺陷陣，打得本雅失里僅率七騎逃遁。一生跨斷大漠汪洋，令全球人類罔不臣妾的絕世戰神永樂大帝也不由得感嘆楊洪「將才也！」，專門記下其名，以待擢用。宣德年間，楊洪鎮守開平（今河北唐山開平鎮，曾是元朝舊都），獨當一面，多次大敗韃靼、瓦剌，甚至立下過生擒平章（宰相）脫脫的大功。客觀地說，楊洪算得上永宣之後，直到戚繼光出現之前明軍百年間頭號名將。土木堡之變爆發時，朝廷急需將才，首相陳循便表示，當世名將，數楊洪第一，石亨第二，楊洪之子楊俊第三。

不過在土木堡之變中，楊洪的表現非常令人生疑。當時他作為宣府總兵，與大同總兵石亨構成宣大防禦體系，是北京以西長城防禦體系的主體。但在明英宗來回奔走，甚至被也先追擊的過程中，兩人均未及時出援，石亨出兵去為明英宗斷後，卻一觸即潰，楊洪則乾脆根本沒出現過。很多人指出楊洪久在邊關，與蒙古人私交甚厚，此戰必有密謀。不過于謙用人不疑，還是重用了楊洪、石亨等將，他們也知恥而後勇，痛擊瓦剌，立下不世之功。戰後封賞，楊洪封昌平

3 奪門：連于謙都碾碎的貪廉劇鬥

侯，仍佩鎮朔大將軍印，宣府總兵官；其子楊俊任右都督、游擊將軍、提督三千營；姪楊能封武強伯、都督僉事、總領神機營；姪楊倫任羽林親軍都指揮使；姪楊信封彰武伯，佩征虜副將軍印，延綏總兵官，鎮守延綏鎮（今陝西延安、綏德，長城防禦體系西段核心），後接替其兄楊俊提督三千營。

京師三大營是明軍的陸軍主力，其中，五軍營約為二十五萬步兵（含御前儀仗），三千營是十萬騎兵，神機營是五十萬火器部隊。土木堡之變後瓜分勢力，石亨在徐有貞、曹吉祥的支持下牢牢抓住了五軍營虎符，而楊洪家族則瓜分了三千營、神機營以及九邊重鎮中的宣府、延綏等鎮，甚至還染指了作為御前禁衛的羽林衛，一時如日中天。

然而日中則昃，楊家將的勢力其實已經到頭。景泰二年（西元1450年），楊洪上書稱自己一門父子官居極品，手握重兵，威望太滿難以自居，請求就此退休，並將子姪調往其他軍鎮。這既可能是楊洪內心真實想法，也不排除是受到石亨排擠，自忖鬥不過背後站有徐有貞、曹吉祥的石亨，所以主動下野。總之，不久楊洪病卒，繼而其子楊傑也病卒，楊俊則打了敗仗，又被人落井下石，告發他盜賣軍儲，被論死，最終奪爵免死。楊家將的勢力漸漸淡去，石亨總算在軍中一手遮天。

石亨能壓倒楊洪，並非因為在軍中的資望，而是因為奪門這個成功的策劃，更因和徐有貞、曹吉祥結成了強大的政

治利益同盟。其實從楊洪的主動請辭來看，此人尚有一定底線，至少不是一個為了私利而不顧一切的人。但這種人主動退縮，恰恰會在貪廉劇鬥中，替沒有底線的喪心病狂之徒留出空間，失去了楊洪的制衡，石亨更加肆無忌憚。奪門之變後，石亨將親戚五十餘人冒充錦衣衛領功，部曲以奪門之功得官者竟有四千多人！明英宗知道肯定有很多是冒功，但念及石亨的擁立大功，也就睜一隻眼閉一隻眼地認了。

石亨見明英宗這麼配合，更加高興，開始大肆驅逐非嫡系官員，代之以嫡系，將一大批五品郎中越級提拔為侍郎（正三品）甚至尚書（正二品）。那麼，在貪官的團隊中，誰是嫡系呢？當然就是肯貪汙、善賄賂的人了。石亨超擢官吏的標準就是誰送給他錢多，就表明誰對他忠誠，他就大力提拔。當時朝野流言「朱三千，龍八百」，暗諷郎中朱銓、龍文分別以三千兩、八百兩的賄賂，求得兵部侍郎和南京工部侍郎之職的醜事。這其實是石亨故意洩露出來的市場指導價，向大家公示求什麼樣的官需要付多少錢。有了明碼標價，賣官的生意當然更好，不過賣官所得的收入是次要的，更重要的是買官者自然便成了自己人，貪官往往就是以這種形式吸引貪婪之輩加盟，打造一個貪腐的團隊。

石亨這樣做自然會引起監察系統的攻擊，尤其是石亨和曹吉祥多次公開占奪民田，頻遭御史彈劾。而石亨、曹吉祥經常想出一些奸計，能矇蔽明英宗一時，御詔發到六部卻經

3 奪門：連于謙都碾碎的貪廉劇鬥

常遭六科給事中駁回，他們和監察系統的對立越來越嚴重。不過他們畢竟是奪門功臣，御史們也很清楚恐怕他們比于謙更難扳倒，誰也不敢輕易發難。不過隨著利益越來越多，石亨、曹吉祥也時不時出現一些小衝突。這些人唯利是圖，無真情可講，利益面前該撕就撕，這讓一些常懷扳倒兩大貪官之心的御史覺得看到了機會。

監察御史楊瑄便認為這兩人已經分裂，可趁機一併扳倒，於是找掌道御史張鵬商議，準備聯名出劾。都察院的長官是都御史，其下設有十三道監察御史，共 110 員，每道 10 員左右，其中一位執掌日常事務的稱掌道御史，相當於都察院的十三位中層幹部。張鵬聽說要彈劾石亨、曹吉祥，非常激動，表示願意出面召集全部十三道掌道御史聯名出劾！張鵬把這個消息一傳到都察院，整個憲臺都沸騰了，十三道掌道御史紛紛表示願意聯名出劾，另有劉泰、魏瀚、康驥等三位監察御史也參與了這次行動。不過這些人做事並不機密，事先就被石亨知道了。一得到這個消息，石亨和曹吉祥立即捐棄前嫌，重新緊密勾結。二人連夜商量了對策，跑到明英宗面前哭訴，誣稱張鵬是景泰帝親信宦官張永之姪，張永被他們所殺，所以張鵬現在要替張永報仇，並指出張鵬會以哪些哪些罪名來誣衊自己。

第二天，楊瑄、張鵬等人的聯名彈章送呈御前，明英宗一看，果然和石亨、曹吉祥所說相符，勃然大怒，將聯名出

劾的御史們全部下獄,並且嚴刑拷打,逼他們供出主使。但試想這些御史明知石亨、曹吉祥是奪門功臣,還要聯名出劾,顯然是出於一片公心,何來主使?於是曹吉祥便又在皇帝耳邊暗示,十三道掌道御史齊刷刷出動,這必是都察院長官主謀無疑,於是明英宗下詔將左都御史耿九疇、右都御史羅綺也下獄配合調查。最終,楊瑄、張鵬被判死刑,其餘均被流放充軍。

  石亨和曹吉祥一舉蕩平了都察院的中高層,又趁勢提出,監察御史負責糾劾官員法紀,給事中負責監督御詔在六部的執行情況,並把持輿論,必須老成持重,所以必須 30 歲以上的官員才能擔當,以下的一律調離。其實隋唐設立御史言官的制度,初衷就是考慮到一些初涉官場的年輕人和高層較少利益感情糾葛,才能更客觀公正地監督高層,這個設計非常巧妙,所以一直沿用至明。未料明英宗對他們聽之任之,竟然同意打破這個中華帝國隋唐以來上千年的政治傳統。吏部尚書王翱也已經投奔了他們的陣營,王翱經過核查篩選出何玘等 13 名給事中調任州判官、吳禎等 23 名監察御史調為知縣,逐出北京的核心權力關鍵環節。

  從都御史到十三道掌道御史,從 30 歲以下的年輕御史到給事中,數日之內,石亨、曹吉祥竟將都察院和六科給事中,這整個監察系統滌蕩一空!監察系統歷來是懲治貪官的主力,貪廉鬥爭中,就算不利,也只是讓貪官漏網,最多有少量監察

官個人遭到打擊報復，但放眼二十四史，又何來整個監察系統被貪官一舉全殲之例？此役堪稱貪官對監察系統最酷烈的一場殲滅戰。再考慮到之前已經將于謙、王文等更高級別的清官扳倒，不知石亨、曹吉祥會不會私下舉辦一個儀式，酹酒祈告被太祖鎮壓的萬千貪官：前輩們，大仇得報了！

全殲了監察系統後，石亨、曹吉祥開啟了一個愉快的貪腐盛世。石亨掌陸軍主力，曹吉祥掌宮廷禁軍，超過一半的將帥都出自兩人門下。兩人還豢養私人武裝數萬人，「都人側目」。不過更本質的權力和利益還在於行政系統，明朝有一套嚴格的文官體系，主要行政權力掌握在文官手中，而文官又都由科舉考試產生，不像武將和太監那樣全憑長官提拔，這樣就很難形成稱心如意的團隊。本來石亨、曹吉祥和徐有貞結成緊密同盟，文官這條線應該由徐有貞來負責，但令石亨、曹吉祥惱火的是，奪門大功告成後，徐有貞卻有了不同的想法。

這是文官和武將、太監必然的隔閡。

毫無疑問，徐有貞與武將、太監結盟，策劃奪門之變，冤殺民族英雄于謙，是一個千古罪人，但客觀地說，他畢竟是透過科舉考試選拔出來，飽讀聖賢詩書的儒士，他做人的底線還是與石亨、曹吉祥這兩個斗大字不識一籮筐的大老粗不同。徐有貞與武將、太監結盟，用了一連串陰謀詭計，目的更多的是晉升攬權，但他攬權的最終目的還是在於實現人

生價值，而並非簡單的撈錢。徐有貞曾與門客飲酒，醉裡問道：「什麼樣的人可以當宰相？」門客說不知。徐有貞便道：「左邊堆數十萬黃金耀眼，右邊殺人盈血滿地，還能目不轉睛，這樣的人才是真宰相。」頗有點煮酒論英雄之態，也可見其價值追求並不在錢財上，所以在攬權之前他們三人的目標是一致的，走上權力巔峰後便出現了嚴重分歧。

首先，曹吉祥舉薦了很多才德不堪的官員，明英宗知道這是他收受賄賂的結果，但礙於他有奪門之功，不便駁斥，於是悄悄讓內閣幫忙抑制一下曹吉祥這種行為。敏銳的曹吉祥很快就察覺到內閣在抑制自己貪汙弄權，很不高興。不管是徐有貞還是其他閣員所為，你徐有貞作為內閣首相，為什麼不為三人團攫取利益？這已經讓三人團出現了嚴重裂痕。

其次，石亨、曹吉祥放縱部曲強占民田，這是貪官以不法之利拉攏不法之徒的慣用伎倆，但徐有貞作為帝國首相，深知這是動搖大明王朝統治基礎的惡行，非常反對。但石亨這種粗人卻只看到眼前利益，哪裡考慮那麼長遠，反而認為徐有貞連這點小利都阻止，不是自己人了！

更嚴重的分歧則是石亨提議用武將當巡撫，這就徹底突破徐有貞的底線了。明朝的巡撫慣例由朝廷派出侍郎或副都御史兼任，從未有武將擔任巡撫之例（明清六百年都沒有）。這實質上也是石亨染指不了行政財經大權，於是想用麾下武官來侵奪文官的權力，將其利益攫到自己盤子裡的做法。這

既是撕破臉和徐有貞甚至整個文官隊伍爭權,也嚴重違背宋明以來,中華帝國形成已久的政治規制甚至可以說是社會形態。此人一朝得志,竟忘乎所以到如此地步!

於是徐有貞和石亨、曹吉祥二人便漸行漸遠,常微言二人有貪腐行徑。在楊瑄召集十三道掌道御史聯合彈劾石亨、曹吉祥的大案中,徐有貞雖未直接參與,但已經比較明顯地站到了石亨、曹吉祥的對立面。楊瑄最初以個人名義上疏彈劾石亨、曹吉祥不法行徑時,明英宗曾召內閣奏對,評議此彈劾是否屬實,徐有貞與李賢等閣員一致回答屬實。明英宗下詔褒獎楊瑄,所以才會讓楊瑄信心爆棚,發起了聯名出劾的大案。這也讓石亨、曹吉祥認定徐有貞已經與他們決裂,決心整治這個叛徒。

構陷奸臣和構陷忠臣其實也沒有本質區別,用的手段也差不太多。明英宗當時正寵信徐有貞,常屏退左右與其密談。曹吉祥便讓小太監竊聽二人談話,然後再故意把聽到的內容洩漏給英宗。明英宗見自己與宰相的密談竟然讓第三者知道了,非常驚訝,忙問曹吉祥從何聽得此語!曹吉祥裝作滿不在乎地回答:「聽徐有貞說的啊,他又不是只告訴了我一個人,滿大街都知道啊。」於是明英宗便覺得徐有貞這人並不可靠,從此不再與其商談祕事,逐漸疏遠。而在楊瑄召集十三道掌道御史聯合彈劾的大案中,石亨、曹吉祥博取了明英宗的信任,獲得最終勝利,又趁機向英宗進言,稱此事是

內閣在幕後指使。明英宗本來就對徐有貞有所不滿，此時怒氣外洩，將徐有貞也逮捕下獄。徐有貞當初讒殺于謙的罪行始終深埋在很多人心底，此時豈有不爆發出來的道理，很多人紛紛彈劾他「圖擅威權，排斥勳舊」，這還真不是誣陷，但明英宗念及奪門之功，沒有重罰，只是將其貶為廣東參政。

不過得罪了石亨、曹吉祥哪來那麼容易脫身。徐有貞剛剛出發去廣東赴任，石亨便投遞了一些埋怨明英宗的匿名書信，稱是徐有貞指使門客所寫。明英宗大怒，派人在德州（今山東德州，南距北京325公里）追及徐有貞，重新逮回詔獄。但此事查無實據，最終面臨無罪釋放。石亨又進諫：「徐有貞封爵時，自撰誥券辭文，其中有『纘禹成功』之句，而且他還選擇當年曹操的封邑武功縣為封邑。大禹曾受禪稱帝，曹操也開創基業。他這是以大禹、曹操自比，有反心吶！」刑部侍郎劉廣衡據此以謀逆罪名起訴，要求判決徐有貞棄市。不過這顯然是文字獄做法，大理寺沒有做出死刑判決。明英宗也明白這是誇大其詞，最終將徐有貞貶為庶民，流放金齒（今雲南保山，當時系傣族聚居區，屬蠻荒之地）。

明憲宗成化元年（西元1465年），明憲宗（朱見深）全面平反奪門之變後的一系列政治鬥爭，徐有貞恢復官身，但賦閒在吳縣（今江蘇蘇州）家中。不過徐有貞依然胸懷大志，常夜觀天象，發現將星轉移到吳縣上空，並透過精湛的星相學計算出，當地馬上會出現一位進士出身的儒將，被免官後復

出帶兵,立下大功。這顯然就是他自己了,於是非常高興,勤練武藝,準備以戰功起復。結果不久同鄉的一位進士韓雍免官復出,歷任大理少卿、兵部侍郎後,成化元年以右僉都御史之職督軍前往鎮壓大藤峽瑤民叛亂(主要在今廣西中部),俘殺首領侯大苟,後升為左副都御史,提督兩廣軍務,在兩廣繼續鎮壓叛亂,屢立戰功。徐有貞才知天象指的是別人,黯然扔掉鐵鞭。事實上,徐有貞主要還是因為讒殺于謙,得罪的人太多,所以得不到起復,最終老死在家。

客觀地說,徐有貞這人才華橫溢,而且志向非常高遠,屬於典型的有才無德,但也不是絕對沒有底線。徐有貞是「吳門書派」的創始人,詩詞、書法都冠絕當時,唐伯虎、祝枝山、文徵明等名家均出自其門下。同時徐有貞還是一位優秀的水利科學家,最早進行了多孔洩流實驗,證明了多個小孔洩流,比同橫截面積的單個大孔洩流速度更快的重要定律,比美國流體力學專家漢彌頓・史密斯(Hamitton Smith)早四百年。而在其剛改名徐有貞後,負責治理黃河水患,立下大功,數年間便由右諭德(從五品)晉升為宰相(正二品),更可見其不世出的理政治國才能。只可惜此人心術不端,為求晉升攬權過於不擇手段,甚至讒殺偉大的民族英雄于謙,最終黯然被貶,也在歷史上留下了一代奸臣的惡名。

3.5 太監曹吉祥的野望

　　石亨和曹吉祥雖然沒能實現取徐有貞性命的目標，但總算將其逐出官場，終結了他的政治生命，接下來他們就要謀求更大的經濟利益。不過明英宗也不是傻子，開始察覺到這二人的奸狀。其實，明英宗也是一個飽受貪官折磨的皇帝。他很清楚，貪腐行為是要葬送他朱明江山的，只是一直慮及石亨、曹吉祥的奪門大功，才一直強忍著寬宥他們貪一點，但這種忍耐不是無限度的，他們卻步步進逼，讓英宗越來越難受。所以，在連續扳倒于謙、徐有貞這些障礙後，主要矛盾就由貪官和清官之間的矛盾轉變為貪官無限度的貪欲和皇帝有限度的容忍之間的矛盾。

　　一些聰明的人知道，現在才是鬥倒他們的時機。英宗復位後，詔吏部侍郎李賢入直文淵閣，作為次相，排在首相徐有貞之後。李賢不是三人團，一定程度上威脅到徐有貞的首相地位，所以三人團對他頗多排擠打壓，他一直耐心忍受。冤枉的是，楊瑄發起彈劾，石亨、曹吉祥與徐有貞翻臉時，石亨、曹吉祥卻懷疑徐有貞已經和李賢等人成了一夥，於是在皇帝面前一起告他們的狀，明英宗將李賢貶為福建參政。李賢受此重挫，但他很清楚現在石亨、曹吉祥正值寵信，辯不過他們，於是隱忍不發。不久，李賢復為吏部侍郎，一個月後又復為吏部尚書、內閣大學士。可能是汲取了徐有貞的

3 奪門：連于謙都碾碎的貪廉劇鬥

教訓，李賢絕不直接攻擊石亨、曹吉祥的貪腐行為，而是非常謹慎地引導皇帝對他們的態度。李賢很清楚徐有貞曾經是他們的盟友，動作稍大尚遭報復，自己一直是他們的眼中釘，行事更須謹慎百倍。

明英宗和石亨偶爾會在國事上有所分歧，本來這不至於令其失寵，但李賢一直精心挑選這樣的機會來發出深入皮下的細緻攻擊。有一次石亨得到情報，瓦剌太師孛來在長城附近狩獵，帶著傳國玉璽。傳國玉璽是當年秦始皇用和氏璧打造，歷朝相承，作為中華帝國正統象徵的寶符。玉璽在北宋「靖康之亂」中丟失，宋元以來常有所謂的傳國玉璽重現於世，但事實上均屬附會之贗品。

石亨提出可以突襲孛來把玉璽搶來，明英宗也很心動。李賢卻提出，這個玉璽就算是真的也沒什麼實用價值，何況多半還不是，犯不著為此重開邊釁。明英宗覺得李賢有理，打消了念頭，石亨卻不依不饒，堅持要出兵，明英宗有點不高興，李賢趁機說：「陛下應該乾綱獨斷，為什麼總是被這些人所制？」明英宗說：「這些人乾政，奏事的人總是先到他們門下，怎麼辦？而且我曾不採納他們的意見，他們就很不高興。」李賢輕輕說：「陛下以後要逐漸不採納他們的意見。」明英宗點了點頭。從此，明英宗不再對石亨、曹吉祥及其聽之任之，甚至有時故意不遂他們的意，關係開始從無所不聽的恩公逐漸轉為冷淡。現在才是發出致命一槍的時機！

天順二年（西元1458年），兵部尚書陳汝言因貪贓獲罪。石亨扳倒于謙後，力薦郎中陳汝言越級提拔為兵部侍郎，並很快又升尚書。結果不到一年，陳汝言東窗事發，貪贓之巨，令人髮指。明英宗非常氣憤，把陳汝言的贓物擺了一地，讓石亨自己看，痛心地說：「于謙在景泰朝最受寵信，死時卻家無餘貲。而今陳汝言當了不到一年尚書，竟得了這麼多賄賂！你力主殺掉于謙，舉薦這樣的人？」石亨非常羞赧。李賢更是敏銳地察覺到皇帝表露出想念于謙的心思，或許已經在思考奪門之變的本質。

　　於是李賢趁有一次明英宗閒時重提奪門的話題，分析道：「其實此事最多可稱迎駕，豈能叫『奪門』？這天位本是陛下固有，『奪』多不好聽啊！而且當時所幸是成功了，萬一事機洩漏，石亨等死不足惜，卻置陛下於何處？」明英宗不由得心中一凜。李賢察言觀色，接著說：「其實郕王已經臨終，等他死了，群臣自然會表請陛下復位，哪需要搞這些事？石亨他們只不過是想以此邀功而已。」明英宗還不信，又說當時于謙、王文、張永等人謀立其他人為帝，景泰帝死了也未必輪到自己復位。李賢微微一笑：「他們謀立了誰，請來一問便知。」明英宗急忙找到當時傳言要被謀立的幾個人選，諸如襄王等問對，立時辨明，絕無此事，均係石亨、曹吉祥故意放出的謠言。

　　至此明英宗終於恍然大悟，復位本是天經地義，奪門完

3 奪門：連于謙都碾碎的貪廉劇鬥

全沒有必要，反倒增加一層造反失敗的危險，石亨、曹吉祥為了自己的富貴，押著明英宗在鬼門關前走了一遭！

其實這個道理旁人來看本不複雜，但明英宗身在局中，一直認為自己能復位確實是奪門奪回來的，對石亨、曹吉祥感恩戴德，不做他想。旁人也沒有機會分析給他聽，分析了也聽不進去，畢竟人一聽到大恩公的壞話自然就會牴觸。所以有些人是在機會並不合適的時機出手，比如楊瑄便是憑一腔熱血，在石亨、曹吉祥最受寵時發難，而且毫無保留，一下子把本方的底牌打光，這是嚴重缺乏鬥爭經驗的表現。李賢不直接攻擊石亨、曹吉祥的貪腐行徑，而是先從動搖其恩寵做起，先讓明英宗能聽得進去石亨的壞話，再找機會分析清楚奪門之變的本質，使石亨、曹吉祥失去最大的靠山，再來慢慢找具體的案件定罪不遲。

明英宗將石亨以奪門之功舉薦的四千多人盡數革職，此後他的敗亡就只是時間問題了。有一天，明英宗登翔鳳樓望遠，見紫禁城不遠有一座異常宏偉壯麗的府邸，似乎已經踰越了大臣的規制，問是誰家。恭順侯吳瑾在身邊，其實他知道是石亨的府邸，卻故意說：「這必然是王府。」明英宗不信。吳瑾說：「不是王府的話，誰敢僭越逾制到這種程度？」明英宗微微點頭不語，只是派出錦衣衛開始暗中調查石亨的不法行徑。天順三年（西元 1459 年）八月，錦衣衛密奏石亨之姪大同總兵石彪有不法行徑。石家軍權太盛，本來就令人側

目,明英宗趁機封石彪為侯,但召回京師。大同是石亨發跡的根基,豈肯輕易放棄。石彪指示心腹千戶張斌帶五十員將領到宮前請願,要留石彪鎮守大同。明英宗覺得有詐,令錦衣衛將張斌收入詔獄拷問。

石亨有點害怕,主動去御前請罪,請求這事就這麼算了,石彪也不再謀取留守大同,但請不要殺張斌,將其免官放歸田里可好?明英宗這回卻沒有答應,而是將石彪也收入詔獄調查,結果在石彪家裡抄出來蟒袍龍衣等大量違制物品,該當死罪。明英宗將石彪收押,又免了石亨的職,這時才來深議「奪門」之事,追究石亨黨羽,但凡石亨引薦的官員一律罷免,朝政為之一清。雖然「奪門」這個功勞不算了,但石亨畢竟在此前戰功卓著,明英宗還是赦免其罪,令其回家閒住。

然而,恰如徐有貞因為讒殺了于謙,不容於天下士子,再難起復,石亨更是很多人必殺之而後快的對象。錦衣衛不斷收到致命的舉報,稱石亨之前有各種謀逆行跡。比如石亨當大同總兵時有一次入京經過紫荊關,對左右說:「嚴守此關,據守大同,京師無可奈何。」隱然有在大同割據之意。石亨掌管天下兵馬之後,用姪子石彪鎮守大同,對私黨誇口說:「北擁紫荊關,東據臨清(山東西北部),決開高郵(揚州高郵,當時京杭大運河入長江口)堤壩,斷絕餉道,京師不用血戰就可拿下。」有一次石亨在家突然對心腹盧旺、彥敬

3 奪門：連于謙都碾碎的貪廉劇鬥

說：「我這位置，你們眼饞吧？」兩人不明就裡，石亨得意地說：「陳橋兵變（宋太祖兵變篡周立宋之舉），史書不稱為篡逆。你們助我成大事，我的位置不就是你們的了？」

天順四年（西元1460年）正月，錦衣指揮同知逯杲奏稱石亨對朝廷有怨言，其家族一直在蓄謀不軌，明英宗終於同意將其逮入詔獄。而各種謀反的舉報繼續洶湧而入，逯杲不辨真偽，一律上奏，因為大家都知道，石亨和徐有貞不同，就算失去了「奪門」這個功勳，其之前因軍功封侯卻是實打實的，按照明朝祖制很難判死刑，除非用謀反罪名才有可能取他性命。不過這些舉報無一不是捕風捉影，一條都不足以定罪，但石亨自己很明白滿朝文武都不會輕饒自己的性命。一個月後，石亨這位驍勇善戰的當世第二名將，竟被活活嚇死在獄中，終於得償所報。

石亨倒臺後，三人團就只剩下曹吉祥一人了，按說他再也掀不起波瀾，等待他的下場其實也不嚴重，太監嘛，無非就是打入冷宮。但曹吉祥卻孤注一擲，做了一件彪炳史冊的奇事，讓他成為太監史上的一朵奇葩——造反！

沒錯，曹吉祥便是中國歷史上唯一一位造反的太監。

眾所周知，太監其實沒有任何朝廷賦予的公權力，只是皇帝私人的附庸，偶爾能憑皇帝的私寵權傾一時，但那只是皇帝私權的一種濫觴，並非本身有什麼實權地位。而且太監是不完整的男人，從人格上來說是受人鄙視的，所以太監要

3.5 太監曹吉祥的野望

當皇帝是絕無可能的。宋明以來文官勢力膨脹，把皇帝的私權力都壓制下去不少，太監就更難專權了。但萬萬沒想到，漢、唐宦官專政高潮之際，權宦們也最多行廢立皇帝之事，從無人考慮過自己來當皇帝，而時至明朝，居然發生了一次太監造反想當皇帝的奇事。

石亨倒臺後，曹吉祥惶惶難安，不過太監是最善於諂媚的，明英宗被他伺候舒服了，就暫時沒有動他，甚至連掌管宮廷禁衛的權力都沒有調動。曹吉祥還私養了一些蕃族武士，他覺得還有機會，於是拚命用金錢厚賞，要他們賣命。其實比曹吉祥更積極謀反的是他姪子曹欽，因為如果曹吉祥真當了皇帝，他是最有機會繼位的。曹欽曾問門客馮益：「歷史上到底有沒有宦官子弟做天子的？」馮益說：「您的本家魏武帝曹操，就是宦官曹節（東漢十常侍之一）的後代。」曹欽大喜，更覺大有希望。

天順五年（西元 1461 年）七月，曹欽對家人曹福來濫用私刑，被御史彈劾，朝廷又派錦衣指揮逯杲調查。曹吉祥大驚，逯杲本是他的人，也貪腐成性，但得知明英宗省悟了奪門之變的本質，認定石、曹已失勢，於是決然站在了他們的對立面，甚至攻擊起來比其他人更猛，石亨便是死在逯杲的追索之下，這次朝廷又派他來調查自己，恐怕帶了殺意，於是決心孤注一擲。

曹吉祥召集黨羽商議，當時甘肅發生叛亂，朝廷遣懷寧

115

伯、提督三千營、陝西總兵官孫鏜,兵部尚書馬昂率京營出征,京師附近的部隊都被集中到了郊外。曹黨計劃內外夾擊,由曹欽率曹氏私人武裝五百人,配合都督伯顏也先率兵從正門攻打紫禁城,擇機替他們開門。曹吉祥率宮內禁軍接應,殺死明英宗後,太常少卿湯序等文官擁立曹吉祥即位,手法和奪門之變頗為類似,只不過現在用曹欽代替了石亨,湯序代替了徐有貞。曹吉祥這班人的配置明顯比當年低了很多個等級,最關鍵的區別是:奪門只是闖進去即位,現在卻是要弒殺在位的皇帝。

計畫確定後,曹欽召集家將夜飲,待凌晨舉事。不料家將中有一位蒙古降將馬亮(原名完者禿亮)偷偷溜到朝房告密。當時吳瑾和孫鏜夜宿承天門外西朝房值班,接到馬亮的告密大驚,連忙寫了奏疏從西長安門門縫投入。明英宗畢竟是經歷過土木堡之變、奪門之變多次驚濤駭浪的人,迅即反應,逮捕曹吉祥,傳令紫禁城和京師九門戒嚴。曹欽見狀立即知道密謀已洩,但首先他沒有應急方案,其次此刻他也沒有應急意識,他腦中只剩下一件事——殺逯杲這個叛徒洩憤!

這個緊急關頭,這群叛匪不考慮怎麼突入紫禁城,甚至不考慮怎麼逃命,卻一路奔向逯杲的家,將其首級砍下,又馳入西朝房,砍死一直彈劾曹氏的都御史寇深。氣撒完之後,曹欽又轉到東朝房,這時天已矇矇亮,首相李賢、吏部

尚書王翱在此準備上朝，曹欽抓住他們，扔出逯杲人頭，握住李賢的手，懇切道：「今天是逯杲激起的兵變，我等實在是萬不得已，請為我草擬一道奏疏稟明聖上！」李賢、王翱無奈，只好按他的意思寫了奏疏，從東長安門的門縫投入。

但這一次卻石沉大海，東長安門依然緊閉，毫無反應。曹欽才終於明白自己之前做的全是浪費時間的無用功，咬咬牙開始帶兵攻打東長安門。其實他若一開始便急攻長安門，門內守禦全無預料，而他們卻是有備而來，攻進去救出曹吉祥，殺死明英宗也未可知。但曹欽卻在逯杲家、西長安門、東長安門轉了一大圈，又寫了封完全沒屁用的奏疏，等了半天，一直等到門內禁衛準備停當才攻門。

而紫禁城的內衛其實並非朝廷官軍，卻是皇帝私軍。曹吉祥等人私養外國武士作為私人武裝，其實這招皇帝也會。明代隨時都有大量的蒙古逃民從草原投奔北京，皇帝便令御馬監將這些人組織起來，訓練組成騰驤四衛（騰驤左衛、騰驤右衛、武驤左衛、武驤右衛），理論上每衛 5,600 兵，共 2.24 萬兵，不隸屬於國家，從皇帝私財中支取軍費。這支部隊也從不出宮，就是作為紫禁城的核心禁衛。騰驤四衛由御馬監掌管，曹吉祥掌管的是正規明軍派來幫忙值守宮門的外圍禁衛，宮內便是騰驤四衛的守禦範圍，不歸他管了。而曹吉祥作為司禮監掌印太監，雖權傾後宮，但御馬監掌管兵符印信，還有這支皇帝私軍，實力也很強，一直與司禮監分庭

3 奪門：連于謙都碾碎的貪廉劇鬥

抗禮。曹吉祥在後宮專寵，排擠打壓了不少太監，御馬監對他一直暗藏怨恨。尤其是奪門當天，曹吉祥稱御馬監掌印太監郝義調騰驤四衛想殺自己，慫恿明英宗當時便殺了郝義，兩家積怨頗深。現在曹吉祥造反，御馬監豈有不賣命鎮壓的道理。

騰驤四衛快速集結，在宮內抵住了曹欽的猛攻。曹欽一度擂開了東長安門的城牆，但四衛親軍取御河的岸磚來填充。曹欽又縱火燒毀了東長安門，結果四衛親軍在門裡又燃起更大的一堆火，曹欽一時也無法攻入。騰驤四衛抵抗良久，正規明軍終於出現了。

明軍本來已在郊外集結，正待今日出征，此刻孫鏜將軍突然說發生了宮廷政變，讓他們去平叛。不過孫鏜一無軍令，二無詔書，甚至事先都沒打過招呼，現在突然就要調兵全副武裝前往皇宮，這也不現實。情急之下，孫鏜派人在營外大喊，說刑部關押的囚犯越獄，捉拿者有重賞，總算有兩千兵願意隨他武裝前往。結果走到紫禁城不遠，孫鏜對士兵們說：「看到長安門的大火嗎？是曹欽在造反！」結果這一說士兵們反而又不走了，因為他們知道囚犯越獄是假，發生政變是真，現在情況不明，又沒有軍令詔書，不知該怎麼反應，所以又駐足不前。此刻，工部尚書趙榮披甲躍馬馳入街市，大呼殺賊！終於又有數百人隨其前往。

騰驤四衛本已應付得非常艱難，此刻見明軍來援，士氣

大振，奮勇拼出，將戰場逼退至街市上。曹吉祥的私軍蓄養多年，也非常強大，在曹欽、曹鉉、曹鐸兄弟的率領下，伯顏也先等將奮死血戰，倒也沉重打擊了騰驤四衛。然而御馬監率下的騰驤四衛也是明英宗私軍，可能出塞去打蒙古人不行（其實現在面對的還是蒙古人），但鎮壓宮廷政變是他們的專業，豈能不以死相拚，捍衛行業地位。這時一幕奇景出現了：來自蒙古、高麗、占城、波斯、俄羅斯等各國各色人種組成的私軍，在北京大街上殊死血戰，明軍和市民在旁有序觀戰，其中還夾雜了大量本來準備上朝的朝廷命官。騰驤四衛雖實力不濟，但一直血戰支撐到了傍晚，以明廷的工作效率，終於把軍令傳達到了門外的軍營，孫鏜、馬昂率大軍入城，將曹氏私軍全殲。曹吉祥被收監審理，三天後便被凌遲於市。

至此，石亨、徐有貞、曹吉祥三人團也終於走到盡頭，兩死一貶，「奪門」鬧劇也總算以太監造反這場更大的鬧劇落幕，不過他帶給明朝官場帶來的傷害，卻再也無法彌合。尤其是民族英雄于謙，在這個貪廉劇鬥中被貪官碾碎，更是令人無比痛心。

3.6 西湖於嶽雙少保

石亨、徐有貞、曹吉祥三人團徹底倒臺後，于謙被冤殺的真相也終於大白於天下，不過明英宗卻羞於正面承認自己的錯誤。直到天順八年（西元 1464 年），明英宗駕崩，皇太子朱見深（原名朱見濬）繼位，改明年為成化元年，史稱明憲宗，憲宗朝之後明廷才展開大規模悼念于謙的活動。

明孝宗弘治二年（西元 1489 年），朝廷追贈于謙為特進光祿大夫、柱國、太傅，諡肅愍，明神宗萬曆十八年（西元 1590 年）又改忠肅。于謙被殺後，葬於故鄉杭州西湖畔，與宋代民族英雄岳飛的祠堂隔湖相望。西湖一向以嫵媚秀麗著稱，但其實這座充滿女性氣質的名湖，卻長眠著岳飛、于謙這兩位偉大的民族英雄。正是在這種偉大精神的感召下，一代代仁人志士為人間的愛與正義，拋頭顱、灑熱血，毫不憐惜一身之命。明末抗清英雄張煌言是杭州鄰近的鄞縣（今浙江寧波）人，很小時到西湖遊歷，便寫下了這首七絕：

國亡家破欲何之？西子湖頭有我師。
日月雙懸於氏墓，乾坤半壁岳家祠。
慚將赤手分三席，敢為丹心借一枝。
他日素車東浙路，怒濤豈必屬鴟夷！

立志要以岳飛、于謙為師，挽救明末危局，報效國家。

最終，張煌言被清軍殺害，也歸葬於西子湖畔，與岳飛、于謙兩位心中的老師並稱為「西湖三傑」。之後，更有章太炎、秋瑾等無數烈士選擇魂歸西湖，為這楊柳依依的寧靜湖面平添了無數悲壯浩然的氣息。清代詩人袁枚寫下這首七絕：

江山也要偉人扶，神化丹青即畫圖。

賴有於嶽雙少保，人間始覺重西湖。

是啊！西湖最初並非以美景聞名，恰是因為有這麼多民族英雄魂歸於此，才引起無數仁人志士的追思，慕名前來，成為世間第一名湖。後人在太平盛世欣賞西湖秀麗美景的同時，一定不能忘記有那麼多偉人將碧血忠骨葬在這綠水青山之間。

然而，當我們將目光迴轉，卻又不得不面對一個殘酷的現實——哪怕是于謙這麼偉大的民族英雄，在當時的貪官汙吏眼中，也不過是妨礙他們斂財的障礙，必除之而後快。貪官只見眼前利，名垂青史有何慮。從于謙和三人團的起落中，我們可以清晰地看到，在貪與廉的鬥爭中，廉潔的一方其實弱點非常明顯。廉潔的人往往也很剛直，剛者易折，于謙、王文、楊瑄等人常常在鬥爭一開始就被貪官察覺，繼而被貪官用計肉體消滅，又遑論獲勝呢？

于謙從小以文天祥為偶像，做了一個文天祥的小像放在書桌上，平時最愛以手撫膺，長嘆：「這一腔熱血，灑往何

121

3 奪門：連于謙都碾碎的貪廉劇鬥

處？」確實是個熱血好男兒。他那首著名的〈石灰吟〉更是很好地展現了他對於生死正義的人生觀：

千錘萬鑿出深山，烈火焚燒若等閒。

粉身碎骨全不怕，要留清白在人間。

正是這種大公無私又熱血剛直的性格，才能促使他面對被俘的皇帝，毫無猶豫地射出那一炮。這種性格的官員可以為了天下蒼生和人間正義絲毫不顧自身安危，所以受萬世傳頌。但這樣的性格面對狡詐的貪官，卻是巨大的破綻。明英宗在萬分猶豫中，最終還是同意了殺于謙，而類似情況下，卻多次寬宥石亨、曹吉祥。究其心理原因並不複雜，于謙射向他的那一炮，多少有些讓他心寒，而石亨、曹吉祥卻為他奪門復位，平時也善於諂媚，多麼溫暖人心啊！這是人性使然，石亨、曹吉祥這些貪官奸臣很善於把握、引導、利用這種人性，于謙這種人卻一心只以儒家聖訓為處事原則，疏於揣摩現實中的人性，這在官場鬥爭中必然處於嚴重下風。

楊瑄那種不留底牌的打法，多少也是和于謙有著儒家士子共通的缺陷——在善良的人看來是優秀特質，在貪官看來卻是可以擊潰的破綻。清正的人認為自己高居天理正義，理直氣壯，就憑一腔熱血便可將一切貪腐惡疾熔斷，不屑於勾心鬥角。但現實卻並非如此，貪廉之間的鬥爭，比徐達和察罕帖木兒之間的鐵馬金戈更加動人心魄，也更加複雜微妙，

是非常需要技巧的,但清官往往比貪官更缺乏這種技巧,而且于謙恰好處於一個歷史上清官最最缺乏鬥爭技巧的一個時代。

說句更難面對的話,明太祖鐵腕肅貪使貪腐陷入了一個谷底,但同時也使反貪的一方也落入了一個長期無戰事的荒蕪期,這和國無戰事,武備廢弛是一個道理。楊瑄等人的稚嫩程度在反貪史上也是罕見的,御史們太久沒有經歷過實戰的鍛鍊了。而作為文官的精神領袖,于謙其實也並未有意識、有技巧地率領官員們向貪官做堅決的鬥爭。

相比之下,李賢扳倒石亨的做法倒是顯得成熟很多,吳瑾在這方面似乎也略有心得,而真正向貪官進攻最猛的恰恰又是逯杲這種從貪官陣營中叛逃過來的奸臣,可能他更了解奸臣的世界,知道應該怎麼對付他們。這不由得讓人想起了周星馳喜劇電影《九品芝麻官之白面包青天》中的一句經典臺詞:「貪官奸,清官要比貪官更奸,不然怎麼鬥得過貪官?」雖是周氏無厘頭喜劇,但也有幾分道理。然而這個道理卻也沒有多大用,因為清官就是少有奸人,這本身就是不相容的兩種特質,強行要求清官還很奸猾,或者反過來說,要求一個奸徒當清官,這本身就是不現實的,這也是貪腐這個慢性病在人類社會始終難以根治的一個重要原因。

從于謙和三人團的貪廉鬥爭中,我們還可以看出一點,那就是貪官喜歡結黨營私,清官卻往往各自為戰,互不配

合。明英宗曾派人用計離間石亨、曹吉祥，但二人很容易就看穿是離間計，跑到皇帝面前痛哭，結果把明英宗自己弄得很愧疚，負責為英宗實施離間計的代理宰相嶽正反而受到責罰。

楊瑄召集十三道掌道御史聯名彈劾石亨、曹吉祥的義舉值得敬佩，但不得不說太缺乏鬥爭經驗。既然察覺到這兩個大貪官之間有了裂痕，那就應該想辦法製造機會，讓他們的裂痕越來越大，直到兩人互相撕咬，遍體鱗傷，甚至咬死了其中一個，再將另一個一舉拿下。而楊瑄等人的做法卻是在這個時候向他們同時宣戰，這不是促成他們重新團結嗎？事實上石亨和曹吉祥確實也曾出現過利害衝突，但只要一面臨危險，很容易捐棄前嫌，重新緊密勾結起來。清官雖然價值取向趨同，卻遵循儒家「君子和而不同，群而不黨」的理念，一般不會勾結。貪官之間沒有真情實意，卻有共同利益，而且是不法利益，所以必須緊密抱團，這也是清官不如貪官戰鬥力強的另一個重要原因。

當然，在封建王朝，皇帝往往是貪廉鬥爭的最終裁決者。從自身利益出發，這天下是皇帝的家產，他當然不願意貪官貪汙他自家的錢。但昏君何其之多，很多時候貪官貪了他家的錢他還幫著數。明英宗算不算一個大昏君？其實也未必，很多人說他有些軟弱，這也不是真正的問題所在。明英宗的真正問題還是在於奪門復位這個硬傷，他和明太祖相

比，最大的差距不是缺乏果敢決絕的性格，而是他得國不正，至少比太祖差遠了。明英宗是透過奪門這樣的政變奪回皇位，靠的是一幫野心勃勃之徒為他拚命奪回來的（至少當時他自己是這樣認為的）。所以他虧欠石亨、曹吉祥很多，必須在貪腐這種「小事」上給予補償，所以面對貪官的步步進逼，他一再退讓，甚至犧牲了于謙、王文、楊瑄這麼多忠良。

所以，要和貪腐這樣的惡魔作鬥爭，首先要自身正才有底氣。于謙剛者易折，但他至少做了鬥爭，不幸的是，最高皇位上卻坐著一個來路不那麼純粹的人，需要時時向貪官汙吏服軟，所以貪腐一方能夠一度逞凶狂，甚至碾碎了于謙這麼偉大的民族英雄，這是時代的悲劇，也是歷史的悲劇，更是大明王朝的官場風氣不可避免走向庸俗的一個重要轉折。明太祖攢下的清廉遺產至此可以宣布耗盡，慢性病魔已經恢復了活力。儘管石亨、徐有貞、曹吉祥三人團最終覆滅，但病灶已經重新發育完善，他們的後輩已經迫不及待地要來暢快享用遺產了。

3 奪門:連于謙都碾碎的貪廉劇鬥

4

紙糊內閣：沉默的轉折

萬貞兒，有人說她是惑亂後宮的妖姬，也有人說她是患難中的真情，閃現著人性的光輝。但無論如何，不倫的感情對公共倫理的傷害是巨大的，尤其是發生在帝國頂層時。

萬貞兒座下小太監汪直更是一個奇葩，太監只攬權，不貪財，竟然展現出一股文官的情操。司禮監和御馬監的鬥爭白熱化，真正掌管國家大政的文官們卻在這時選擇了集體沉默。紙糊三閣老，泥塑六尚書。是諷刺，更是時人的無奈。史上多的是被架空的皇帝，卻鮮見整個官僚隊伍噤若寒蟬。然而，壯志有停歇，金錢永不眠。最高權力掌握者們渾渾噩噩，尸位素餐之時，正是貪腐這個慢性病魔大展拳腳之際。哪怕孝宗朝被譽為「弘治中興」，似乎改觀了這種局面，其實仍發生了一起動搖國本的大案──唐伯虎作弊。這位後世文學作品中的風流才子，在當時牽涉進一個超級大案，可能時人並未意識到此案對大明王朝，甚至整個中國社會都產生了轉折性的影響。

而這一切，並沒有鐵馬金戈，更沒有天崩地裂，都只在沉默中緩緩釋放，悠然調轉舟頭。

明太祖九泉之下，無可奈何地看著大明王朝悄然轉往另一個方向，中華民族的盛衰氣運走向轉折。

4.1 不倫真愛萬貴妃

明英宗天順八年（西元 1464 年），二度為帝的明英宗駕崩，享年 37 歲，在位累計 22 年。皇太子朱見深（即以前的朱見濬）繼位，改明年為成化元年，史稱明憲宗。

其實明憲宗剛開始表現不錯，可能是明英宗長期以來對于謙、石亨等人之事心存愧疚，但又不好意思自己打自己的臉，於是遺囑兒子幫自己完成一些生前不便做的事。明憲宗一登基立即平反了于謙冤獄，為于謙等大量蒙冤的忠臣恢復名譽，這足以振奮人心。但另一方面就肯定是明憲宗自己的意思了，明憲宗不顧景泰帝曾廢掉自己的太子之位，以德報怨，恢復景泰帝帝號，將其墓葬移回皇陵，這種胸懷更是博得朝野一片稱頌。於公心，於私德，這似乎都是一個好皇帝。明憲宗又任用商輅等名相，朝政為之一清（至少比起三人團時代是相當清明的）。但明憲宗卻有一個私生活方面的問題長期受後世詬病，那就是他不顧所有人反對，與自己的奶媽萬氏相愛，甚至冊立為妃。萬氏也因此被定性為惑亂宮廷的恐怖妖女，她座下也確實妖孽橫生，正史野史無不將其黨羽描繪為天演正義之敵。

當然，也有人認為這場名動青史的不倫之戀，其實是一場感人至深的帝王真愛，這也和明憲宗奇特的人生際遇尤其是童年遭遇有很大關係。朱見濬的童年非常尷尬，他出生於

明英宗正統十二年（西元 1447 年），其父明英宗正處於第一個皇帝任期，當時只有他一個皇子。正統十四年（西元 1449 年），突然爆發了震驚天下的土木堡之變，明英宗被擒，年僅兩歲的朱見濬留在北京。當時于謙主持大局，要求皇太后同意擁立明英宗之弟郕王朱祁鈺登基，但同時有一個附加條件——冊立朱見濬為皇太子，以示郕王絕非趁機篡位，只是危難之際，擔當大任，龍馭之後便要傳位還給英宗之子，大明的世系並不會受到影響。

于謙本是好意，也是一片公誠，但對於朱見濬個人而言卻非常尷尬，也虧他當時是個兩歲孩童，如果是成年人的話未必就會一口答應（當然，答不答應最終結果都一樣，但主觀上必然是很抗拒的）。果不其然，明英宗被也先送歸後，就和錢皇后一起被封鎖在了南宮。三歲的朱見濬作為皇太子養在東宮，但景泰帝夫婦並非他真正的爹媽，連養父母都不算，何況景泰帝坐穩皇位後自然便要考慮替親兒子鋪路的事，朱見濬甚至還是他的眼中釘。景泰三年（西元 1452 年），景泰帝力排眾議，將朱見濬廢為沂王，改立自己的親兒子朱見濟為太子。

年方五歲，朱見濬的人生已經連遭多次劇變。從皇子到太子，又從太子到親王，一個不懂事的小孩被王朝的最高層摔來擺去，但他自己並不知道這些變故的意義，只知道旁人對待他的態度時不時就要發生劇變。朱見濬成長的環境缺少

了父母，也沒有得到明朝皇子應有的教育，陪伴他成長的只有宮女太監。這些人都沒什麼文化，待人非常勢利，每一次朱見濬的身分變化，他們的態度都會發生重大轉變。人情冷暖，在朱見濬這裡尤為刻骨銘心。

更要命的是，五歲之前朱見濬還只是身分轉折，六歲時太子朱見濟卻突然死了，皇儲一下子成了懸念。而他，無論作為前任太子，還是現任皇帝的姪兒，都是皇儲熱門人選。奪門之變中，朝中盛傳的繼位人選，一個是朱見濬，一個是襄王的兒子。但後來襄王站出來闢謠，事實上，襄王的世系偏離較遠，明朝禮法嚴苛，不可能越過朱見濬另尋遠支，他幾乎就是第一順位繼承人。就算是他爹復位，最終不還是傳給他嗎？

如此一來，景泰帝對他的看法就更加微妙了，好不容易把他廢了，結果自己的兒子又不爭氣死了，難道又把帝位還給他？更重要的是，一旦英宗一系重新掌權，景泰帝一系很容易遭到打擊報復，一些擁立景泰帝的大臣也容易遭到清算，所以這些正掌握著實權的人也不願意他繼位。景泰帝一系如果什麼都不做，根據禮法大位自然重歸英宗一系。如果要做點什麼，除了祈禱英宗父子都早點死，否則就只有自己動手，暗害了他們。宮女太監們未必能看穿其中的真義，但多少耳聞朱見濬形勢起落，甚至有性命之憂，這很快就會展現在對待他的態度上。何況當時景泰帝很可能有過暗示，至

少是表露過心思,要害死朱見濬。宮廷險惡,一個不滿十歲的小孩,要獨自在這個地方活下去,何其艱難?

不過最終朱見濬還是頑強地活了下來,熬到了奪門之變,他父親重回帝位,自己也被重新冊立為太子,明英宗駕崩後終於登上大位。

什麼叫苦盡甘來,什麼叫守得雲開見日出?明憲宗這就是。

所謂患難見真情,在這種人生的大起大落中,才最能看出真情實意。如果沒有土木堡之變,明憲宗一直作為皇子養在深宮,然後順順當當地立為太子,又順順當當地繼位為帝,那他身邊只會充斥著溜鬚拍馬之輩,就算偶有對他真情實意的,也會被馬屁精的狂潮淹沒掉。只有在那段朝不保夕的艱難歲月中,還堅決守護著他的,才是真心愛他的人。

人生一世,真愛難求。因為絕大多數人並沒有機會經歷明憲宗這種傳奇人生,也就沒有機會遇到這樣的真愛。當有人出現奇遇,碰撞出這種真愛火花時,他必然會毫不猶豫地抓緊。而又當這種曠世奇戀出現在充滿陰謀和膿血的宮廷之中時,更加暖人心懷。

稍微有點尷尬的是,伴隨明英宗走過這段艱辛歷程的,不是他老婆,而是奶媽。

這位奶媽姓萬,確切姓名已不可考,後世多稱其為萬貞兒。萬貞兒的父親萬貴本來是個縣衙小吏,後因犯罪被流

放，四歲的女兒萬貞兒被籍沒入宮充作宮女，被分配到了孫太后（明宣宗皇后）宮中。萬貞兒體態臃腫，姿色平庸，不過太后的宮中一個男人都沒有，只有一個老寡婦帶著一群老宮女，也不需要多麼青春美麗，對於普通宮女來說，這裡就是所謂的冷宮。萬貞兒本身是罪犯家屬籍沒入宮，又因天資太遜，一進宮就進的冷宮。不過萬萬沒想到，土木堡之變爆發，兩歲的朱見濬被冊立為皇太子，入主東宮，孫太后將十九歲的萬貞兒派去當太子的奶媽，她的人生從此不同。

不知道是人的母性本能，還是朱見濬小朋友的悲慘經歷讓同樣經歷過悲慘的萬貞兒阿姨（姐姐？奶媽？）激發了強大的內心共鳴，十九歲的萬貞兒緊緊抱著懷中這個吃奶的兩歲小童，年幼時父親獲罪，全家遭難，自己被扔進這深不見底的冷宮，十幾年來受盡凌虐，艱難存活至今，一幕幕躍上眼簾。懷中這個孩子雖貴為皇子，卻同樣過著朝不保夕的生活，似乎重複著她的悲慘童年。在這冰冷的後宮，一個弱女子終於找到了一根可以寄託親情的稻草，她把所有的親情都傾注到了這個孩子身上，儘管她知道說不準哪天這個孩子就會被人從她懷裡奪走。也正因如此，她把這個孩子抱得更緊，因為每天都可以是生離死別。

對於朱見濬而言，從記事起便也沒見過親人，那個高坐皇帝寶座的叔父並沒有給過他半分親情，只把他視作眼中釘、肉中刺，隨時想要他的命，宮女太監們更掩藏不住

虎視眈眈，想害死他向皇帝邀功。所有人中只有一個人對他好——萬貞兒，所以他也只能把所有親情傾注到萬奶媽身上。

這種感情很快就發展成了愛情，而且我們可以確信，這是一段歷史上罕見的帝王真愛，他們的相遇、相知、相隨太奇特，太巧合，如果僅從個人感情的角度講，這應該算得上史上的一段佳話，但如果他們真的要結婚，卻還有很嚴重的障礙。

明憲宗當了皇帝後，就想冊立萬貞兒為皇后，這個動議遭到皇室和朝臣一致反對。大家倒不是嫌棄萬貞兒出身低賤，恰恰相反，明朝就是明確要求皇后的出身不能太顯赫，這是汲取漢唐教訓，避免皇后的家族形成外戚勢力。但不顯赫也不是無限制的低賤，至少還是要出身清白，犯罪分子的家庭畢竟是不可取的。如果萬貞兒是自願應徵入宮來當的宮女，撞了大運被皇帝看上，冊立為妃甚至皇后都是說得過去的，但她是因為父親犯罪被籍沒入宮的家屬，這種來歷只能作為最低賤的宮女，想當個後宮的女官都不現實，更別說冊妃了。

另一方面，萬貞兒比明憲宗大17歲，這已經差了一個輩分，而且孫太后把萬貞兒派去東宮服侍朱見濬當時就明確了，是去當奶媽（奶媽之說存疑，因為萬貞兒既然沒有生小孩，又何來奶水？）或者保母，總之就是帶小孩兒。這也是

一種長輩關係，是絕對不能談婚論嫁的，否則就是亂倫。這種事在尋常人家便已經為禮法所不容，發生在皇帝身上，更是難敵天下悠悠之口。

中華民族自古以來沒有宗教信仰，禮法是維繫龐大中華帝國氣運相承最為重要的內在精神支柱，現在明憲宗身為皇帝卻公然挑戰禮法！其實在明憲宗登基前，明英宗、錢皇后和明憲宗的生母周貴妃就已經框定了三個太子妃人選：吳氏、王氏和柏氏。結果明英宗病重，太子結婚的事情就擱置了。明英宗一死，明憲宗立即就想違背父母婚約，娶自己中意的對象為正妻，這本身就是非常不合適的做法，所以大家都不贊同。明憲宗登基後，錢太后迅即主持明憲宗與吳氏完婚，並冊為皇后，王氏、柏氏冊為皇妃。但明憲宗顯然對這幾位年輕貌美的都不感興趣，依然獨寵萬貞兒一個。年僅十六歲的吳皇后又急又氣，有一次便找機會杖責了萬貞兒，結果明憲宗竟然大怒，要廢黜吳皇后！

錢太后當然不同意，但此事明憲宗的生母周太后卻起了很不好的作用。本來前任皇帝的皇后才能成為皇太后，周氏作為明憲宗的生母最多只能封為本生母帝太后，但明憲宗不顧禮法，強行要尊生母為皇太后，後在群臣的調解下各讓一步，同時尊錢皇后和周貴妃為皇太后。一山不容二虎，周太后總是想找機會壓過錢太后，於是與明憲宗合謀，設了一計，先是指示錦衣衛將司禮監太監牛玉逮捕起來，嚴刑

拷打。

　　最後牛玉承認，最初明英宗在三位兒媳婦人選中最鍾意的是王氏，但吳氏的父親向他送了一大筆錢，賄賂他假傳英宗遺詔，助吳氏當上皇后。周太后趁勢力倡將皇后之位「還給」王氏，錢太后再也阻止不了，只好同意。這一輪交鋒下來，雖然還是沒替萬貞兒解決身分，但明憲宗母子在後宮的威勢大了許多，以至於後來出現了周太后駕崩後與明英宗合葬的情況。

　　須知明英宗臨終前有明確的遺詔，只願與錢皇后一人合葬，其餘人不得入其墓穴。而周太后明明沒有當過皇后，卻以皇后的禮制葬入了英宗寢陵，這些都是明目張膽不遵遺詔又嚴重違背禮法的做法！太后、皇帝連續公然違禮，這對儒士組成的朝廷而言，對崇信禮法的中華帝國而言，都是巨大的衝擊。

　　成化二年（西元 1466 年），36 歲的萬貞兒生下了明憲宗的庶長子。明憲宗欣喜若狂，在周太后的支持下，力排眾議，冊封萬貞兒為貴妃，成為僅次於王皇后的首妃。成化十二年（西元 1477 年），萬貴妃更晉為皇貴妃（明朝特有的後妃職位，比古代的貴妃還要高一級）。但真正令人難以接受的是，明憲宗授萬貴妃之父萬貴為錦衣衛正千戶（正五品），不久又升為錦衣衛指揮僉事（正四品），最後竟升為錦衣衛帶俸指揮使（享受指揮使的正三品俸祿，但不實掌衛所事務）。

這確實讓滿朝文武有點委屈，本來貴妃之父理應得此升賞，但萬貴是個有犯罪紀錄的人，這樣的人怎能授予高官？說來根源還是在於冊立了萬貴妃。所以，禮法之重，牽一髮而動全身，表面上看相愛的人就應該在一起，但踰越禮法之愛，確實是亂倫禍政，擾亂綱常，也無怪明憲宗和萬貞兒這麼感人的帝王真愛，卻被後世罵作惑亂宮廷。真情固然值得讚賞，但也不能違背倫常。山野村夫作出亂倫背常之事，尚且會淪為人人側目的惡徒，從此再無人齒於與之為伍。那麼皇帝帶頭破壞最基本的倫常，官員們呢？而且還是這些飽讀詩書，比普通人更執念於倫理綱常的儒士？

當然，朝廷也不至於就此散夥，官員們還是留下了，但還要這些官員們一如既往地堅守節操倫常就不現實了。你們既然公然漠視禮法，又憑什麼要求儒臣們始終如一地堅持一顆向聖之心呢？他們並沒有劇烈地反對周太后、明憲宗、萬貴妃等人公然破壞禮法，但也沒有特別賣力地追隨，他們只是默默地容許了最高權力者這樣做了。

沉默，是慢性病魔最喜歡的朋友。

劇烈的反抗也許最終無法阻止病魔成型，但至少能夠刺痛它。如于謙、楊瑄那樣的熱血男兒，儘管在石亨、曹吉祥精心編制的毒網中粉身碎骨，但至少，自己也留得清白在人間。

但憲宗朝的情形卻完全不同，我們在史書上只看到一句

句空泛的「百官反對」、「天下譁然」,但到底誰站出來反對了?其實沒有啊。沒有一個真正的反對者在史書上留下了確切的姓名。內閣大學士、六部尚書、都御史、給事中、寺卿、都督,誰站出來了?

沒有。「一片譁然」,結果一個人名都沒有,每個人都是沉默的大多數。這種「譁然」不是真正的反對,恰恰是默許。

一切都在沉默的容許中悄然轉折。

我們經常講,法治社會。客觀地說,明朝其實是一個法治比較健全的社會。但法律的根源依然是權力,只有權力才能保障法律的認真執行。但最高權力無法用法律來束縛,於是只能用綱常公義來約束,但這種約束是柔性的,不是剛性的,一些目光短淺的人就會不斷去突破這種柔性束縛。他們的每一次突破都是對社會正常秩序的衝擊,更是對最高權力掌握層的慢性腐蝕,所謂慢性病,就是這樣越來越深。

客觀地說,明憲宗和萬貞兒的愛情故事堪稱黑暗的宮廷史上一段難得的佳話,但如果他們只是保持一顆相愛之心也就罷了,明憲宗卻偏要利用手中的公權力為愛人爭一個貴妃名分,這就不對了。皇室無私事,帝王無私權。皇帝手中的權力一律是公權力,這是中華帝國發展至明從未有人質疑過的正理。明憲宗卻硬要用公權逞私欲,而且還是違背倫常,那官員們怎麼想?他們手中也有巨大的公權力,既然皇帝也做了,那我們呢?

那我們當然也要做咯！做什麼呢？不就是利用手中的公權力，非巨量地損益公共利益，從而實現私人利益的有效邊際增長。不那麼晦澀地說就是一個字 —— 貪！

4.2 太監帶回貪腐盛世

從王振開始，貪腐病魔似乎已經尋到了一個新的病灶 —— 太監。蓋因太監往往沒什麼文化，未受詩書聖訓，思想境界就要低得多，更因身體殘缺，沒有後代傳承，所以往往只能將追求寄託在金錢上。而憲宗朝又出了萬貴妃這麼一個奇葩，後宮權力急遽膨脹，隱隱有壓過外廷之勢，一大幫太監趁機大索錢財，歡享貪腐盛世。

開席的兩位是萬貴妃座下哼哈二將 —— 梁芳、韋興。這兩位勾搭萬貴妃的方式很簡單，就是賄賂。當然，賄賂也不能光是送錢，不然收錢的人也會膩。這兩人便掏空心思，換著法子地採辦美珠珍寶，進獻給萬貴妃。萬貴妃天天收到各種奇珍異寶，當然非常高興，越來越寵幸這兩個貼心奴才。梁芳、韋興趁機提出要求，推薦自己的黨羽出任各地鎮守太監，以利採辦。

鎮守太監本是內宮派駐在各都指揮司的「監軍」，後來職權又擴散到布政司、按察司。都布按三司掌握地方軍事、財

政、司法大權,所以派出太監監督他們本是正理。但其實心懷貪念的那些人早就對這個職權垂涎三尺了,因為在他們眼中所謂財政大權那不就是肥缺嗎?越貪的人越想去占這個肥缺啊!但真的要太監們秉公執法,認真監督地方官員們不貪腐?恰恰相反,明代各地分設都布按三司的本意是讓軍事、財政、司法權力互不隸屬、相互制衡,現在派一個統管的鎮守太監,這反而是要讓這個太監取代文官,成為貪腐的主力呀!

梁芳、韋興守在萬貴妃身邊,再以替萬貴妃採辦為名,將黨羽錢能、韋眷、王敬、鄭忠、韋朗等派往富饒地區出任鎮守太監,實際構造了一套由內而外的貪腐體系。明憲宗其實很清楚他們這一套做法,但因為太寵愛萬貴妃,於是睜一隻眼閉一隻眼。

梁芳、韋興還很善於透過組織大型工程從中漁利,但在古代生產力不發達的背景下,大型工程很容易成為耗費國家財政的窟窿。有一次明憲宗視察內帑(皇帝私人金庫),竟然發現歷朝歷代累積的七窖金銀都被用完了,實在有點生氣,對二人說:「糜費帑藏,就是因為你們兩個!」韋興嚇得大氣都不敢出,梁芳卻大言不慚地狡辯:「我們建顯靈宮等諸多祠廟,還不是為了替陛下祈萬年福。」明憲宗說不過他,只是很不高興地甩了一句:「我不動你們,後來的人會慢慢跟你們算帳!」

梁芳一聽這話就有點害怕了，因為他們知道太子朱祐樘是個很正直的人，最關鍵是宮女、太監這類人受的是私寵，現在的皇帝、貴妃一去，在新皇帝眼裡他們屁都不是。普通的太監、宮女最多就是打入冷宮，頂天了被解僱，他們這種不乾不淨的恐怕真的要被清算。於是梁芳竟然慫恿萬貴妃去說服明憲宗，廢了太子，改立年齡更小的興王朱祐杬。可能他覺得興王現在還小，以後就算當了皇帝，也不記得他梁芳今日的貪腐行徑，他矇混過關的機率大一點。不過廢立太子豈是梁芳這種人所能決定，他這種行為只能為他的主子萬貴妃在歷史上又添一筆議立儲君的惡帳，名聲更臭而已。

在梁芳、韋興的眾多黨羽中，以錢能最為貪狠。錢能出任雲南鎮守太監，從北京到雲南路途遙遠，錢能便一路索賄，弄得來沿途官員都要躲避他。到了雲南，錢能發現這地方雖然氣候不錯，但實在算不上富裕，油水太少了。但貪官都是具有極強主觀能動性的，在挖掘貪腐資源方面他們的智慧是無窮的。錢能很快盯上了安南（位於今越南北部的一個朝貢國）入貢這塊肥肉，如果安南能夠從他的地界上入貢，他吃拿卡要就有來源了，雲南就成了稍微肥點的肉。不過從地理位置上講，安南既然要入貢，自然是走廣西，怎麼可能翻山越嶺走雲南呢？別急，貪官想貪錢，自然要想出辦法。

貪官首先能想到的辦法當然是賄賂，他們一輩子大事小事都是憑賄賂辦成的，這自然會成為他們的首選思考方式，

所以錢能準備重金賄賂安南國王，讓他改從雲南入貢。但重金可不是一封密信，偷偷送給國王就行，必須派重兵押送才行，那以什麼名目派重兵帶著這麼多金銀財寶去另外一個國家？錢能想到的辦法是向朝廷謊稱安南的捕盜兵入了雲南地境，這可不得了，很容易引發外交危機，甚至導致兩國開戰吶！所以，必須立即安撫，派雲南指揮使郭景率兵攜帶大量玉帶、綵繒、犬馬送給安南國王，請他改道雲南入貢。

其實稍微動動腦筋也知道，安南哪有這麼大的膽子，敢派兵進入宗主國的境內。退一萬步講，就算真的發生這種事，那朝廷也應該怒斥安南國王才對，為什麼還要送錢給他？再說了，就算要安撫，那也應該是禮部來負責，為什麼會讓雲南指揮使帶兵去做？但這事兒朝廷居然就同意了，很顯然，萬貴妃、梁芳等上線在朝中幫他打理好了，連這種要求都同意。所以說，貪官想出來的辦法往往並不是真聰明，明眼人一看就明白他們的真實意圖，只不過在一個貪腐的環境下，上上下下的貪官抱成團，愣是把這些侮辱人智商的「辦法」執行下去了而已。安南國王或許也明白這個道理，知道錢能上面有人，也同意了改由雲南入貢。然而似乎錢能在雲南耕耘不深，勢力還沒完全滲透，雲南邊防不允許安南貢使團從雲南入境，錢能白忙了一大場。

既然撈外水失敗，那就只有考慮內部挖潛了。雲南的土著部落還很多，錢能指示郭景和指揮盧安等將領去向干崖、

孟密、木邦等土司部落索賄，聲稱可以奏請朝廷將他們從宣慰司更新為宣撫司。郭景這些人在索賄過程中肯定也要夾點私貨，太監只愛錢，他們還好色。郭景偶然發現木邦宣慰使曩罕弄的孫女很漂亮，居然逼淫了她。此事三年後才被揭露，不過事體嚴重，朝廷以左副都御史王恕巡撫雲南，徹查此事，郭景只好投井自殺。

後刑部查實一應事體，錢能的黨羽共九人皆伏法。但奇怪的是，錢能本人卻毫髮無損，甚至他的黨羽指揮姜和、李祥在調查中出現了拒捕行為，錢能為他們求情，朝廷也沒有重罰。有些官員覺得此刻是扳倒錢能的大好時機，紛紛揭露錢能的劣跡。其中，巡按御史甄希賢彈劾錢能打死了守礦千戶一人。打死這麼高級的朝廷將官，這是原則性的重罪，但錢能依然沒有受到任何懲處。最終，明憲宗對錢能的處理僅僅是將其調往南京閒住。

不過錢能這種人豈能閒得住，他甫一到南京，就結交了一位頗有品味的大貪官——南京守備太監王賜。南京守備太監堪稱全天下鎮守太監中最肥的一塊肥缺，負責鎮守陪都南京。和北京周邊被劃為北直隸一樣，南京周邊很大一塊區域被劃為南直隸，管轄範圍相當於清初的江南省，之後的江蘇、安徽兩省，在明代是中國也是世界上經濟最發達的區域，占全國賦稅的三分之一左右，而且南京的官僚機構也比其他地區龐大複雜得多，不是一般地區的都布按三司，而是

143

和朝廷一樣的六部、察院、九寺架構,所以南京的油水當然也就多得多。王賜在這裡搜刮了不少金銀,甚至連品味都煉出來了,已經不僅限於貪現金,更重視蒐集文物尤其是古代名家字畫。

不要小看了錢能,其實他也深諳此道。王賜問他在雲南這些年都搜刮了些什麼財寶啊?錢能當然不能說我賺夠了××萬兩銀子,都藏在窖底呢!他說我在雲南時,陸陸續續以七千兩的價格向雲南沐王府收購了價值四萬兩的文物。沐王府是指開國元勳、太祖養子、黔寧王朱英(原名沐英)建在雲南的王府,太祖特命其子孫世鎮雲南,算是明朝唯一的一個異姓藩王。錢能居然敢找沐王府強買強賣,還當成一件能事來吹噓。不過他的吹噓顯然是極富成效的,王賜當即對他刮目相看,作為地主他也不能輸給遠方的來客,不然折了南京守備太監的顏面。於是兩人相約在南京舉辦一場文物展,展出他們多年來搜刮的文物名品,鬥一鬥到底誰貪得更有品味。

明代中葉史學家陳洪謨在其《治世餘聞》中概述了一下他們當時鬥富所展出的部分展品:

「五日,令守事者昇書畫二櫃,至公堂展玩,畢,復循環而來。中有王右軍親筆字,王維雪景,韓滉題扇,惠崇鬥牛,韓幹馬,黃筌醉錦卷,皆極天下之物。又有小李、大李金碧卷,董、范、巨然等卷,不以為異。蘇漢臣、周昉對鏡

仕女，韓滉班姬題扇，李景高宗瑞應圖，壺道文會，黃筌聚禽圖，閻立本鎖諫卷，如牛腰書。如顧寵諫松卷、偃松卷，蘇、黃、米、蔡各為卷者，不可勝計。掛軸若山水名翰，俱多晉、唐、宋物，元氏不暇論矣。皆神品之物，前後題識鈐記具多。」

王羲之（王右軍）、王維、韓滉、惠崇、韓幹、黃筌、蘇東坡、黃庭堅、米芾、蔡京、蔡襄（蘇黃米蔡）……文中列舉的名家真品，任意拿一個出來都是無價之寶，這兩位可以用兩櫃「循環而來」、「不可勝計」，這架勢足以讓故宮博物館羞愧。

這既是二人鬥富，也是一場公開展出，在當時的南京上流社會引起了轟動，幾乎江南所有名流士紳都到場觀看。那大家知不知道這些文物的價值，這兩位貪墨到了什麼程度呢？我相信他們心裡是有數的，但大家都只是默默地欣賞文物，沒有任何人質疑他們買這些文物的錢從哪兒來，更沒有人檢舉揭發，甚至連一封有影響的奏疏都沒有。

真正令人跌破眼鏡的是，不久之後，錢能居然出任了──南京守備太監！

這……什麼意思呢？這是鬥富的結果嗎？誰更富更有品味，誰就當這個南京守備太監？錢能在雲南捅了那麼多簍子，卻不降反升，來到了最肥的這塊肥田，看來是覺得他撈錢的本領不錯，換個更好的平臺加油撈？

當然,同時朝廷對錢能還是略有制約,他最忌恨的清官王恕也緊隨來到南京,以左副都御史兼南京兵部尚書、應天巡撫,想對錢能形成一定制約。錢能果然很忌諱王恕,在南京居然再沒搞出太大動靜。後來王恕告老還鄉,吳公誠接替他。錢能派指揮胡亮宴請吳公誠,回來問吳公誠這人如何。胡亮說:「非常好,知道敬重公公,跟王某不一樣。」錢能微微一笑:「王某只是不該和我作對,人品才華還是很高的,吳公誠這種人,其實只配給王某提草鞋而已。」後來,錢能便終老南京,史書並未再記載他有什麼出格的貪腐行徑。但事實上,更有可能是他趕走王恕之後,成功整合了南京官場,他的貪腐行為變得更為自然順暢,所以不為人知罷了。這個超級大貪官,享盡了一生富貴,最後還得善終,更是為無數存有貪念的後來者樹立了一個極為不良的榜樣。

有了這樣的榜樣,各色人等紛紛猛鑽倖進之道,太監們也急需人手,拓展他們的貪腐體系。宮女、太監的文化程度很低,跟進士出身的文官往往容易形成敵對,他們更容易跟和尚道士攪到一起,憲宗朝幾位著名的「佞幸」都是僧道。眾所周知,中國人並沒有真正的宗教信仰,明憲宗也是一位「開明博愛」的君主,在他這裡,所有教派都能得到極大寵幸。

最初梁芳等人介紹了李孜省、孫道玉、繼曉等幾位道士、佛僧,繼而發現道教、佛教都有很多支派,尤其是藏傳

佛教的體系極為宏大。明憲宗毫不吝嗇，都不虧待，一律大取國庫供養。僧繼曉建大昌寺，強拆了數百戶民居，耗費國庫數十萬兩，遭到嚴重彈劾。不過僧繼曉還只是憲宗朝大辦法事的一個小小縮影。明憲宗大封真人、法王、佛、國師不計其數，孝宗朝清理憲宗朝濫封的真人、法王，計有佛教的法王437名、藏傳活佛789人，漢傳禪師120人；道教的真人123人。這些神仙無不需要像僧繼曉一樣強占民居、耗費國帑來修建宏偉的寺觀，還好當時基督教、伊斯蘭教在中國影響不大，不然我相信「開明」的成化菩薩一定也不會虧待他們，而他們那種高聳入雲的大教堂、清真寺在北京修起來，所需的石材恐怕就只能拆長城了。

如果這些佞幸真的只是貪錢恐怕都是其次，真正最可怕的還是一個名叫李孜省的道士。其實李孜省並不是一個真正的道士，最初是布政司的小吏（吏是官府的低階文員，不是官），後又被推薦去京師當差，結果考察期間卻被發現有貪贓枉法的行跡，反而出事了。不過李孜省打聽到明憲宗喜歡方術，於是惡補五雷法，並向寵閹梁芳、錢義賄賂重金，推薦給憲宗。

結果憲宗一見他大為喜歡，於是繞開人事系統，直接下特旨授予太常丞。御史楊守隨、給事中李俊仍堅持彈劾，說此人有貪贓的劣跡，不宜在太常寺掌管祭祀，於是改為上林苑監丞，掌管皇家園林。這也是很奇怪的一件事，既然有貪

贓劣跡就應該法辦，至少不能再升遷，豈能換個「不那麼重要」的職務繼續升遷？可見當時對貪贓的接受程度已經大為改觀。李孜省繼續鑽研各種法術獻給皇帝，又與梁芳等人結為緊密同盟，干預政事，不久又連續升為右通政使、左通政使，成為行政系統中梁芳等太監一顆堅實的釘子。

李孜省總結自己的仕途，覺得多虧了明憲宗特旨授官這一關鍵步驟，若非如此，他沒有科舉功名，絕對當不了通政使這樣的朝官。梁芳等也覺得，有科舉這個門檻，非常有礙於他們提拔自己人，拓展團隊，導致他們的貪腐體系只能限於後宮，無法染指被科舉進士牢牢守衛的文官隊伍。於是李孜省與梁芳等商議良久，力勸明憲宗設立了「傳奉官」這一制度，即繞開科舉，由皇帝直接下特旨，授予某些人官職。

這不但違背明朝祖制，更是違背宋明以來中華帝國最最根本的一項政治傳統，但梁芳、李孜省等人早已有了一套完善的策劃，快速提拔了數千名傳奉官，佔據各個要害部門。而對提出反對意見的文官，就指使親信御史彈劾打擊，很多正直的文官都被彈劾降級甚至罷官。不過文官也很快認識到了嚴重的危機，明憲宗成化二十一年（西元 1485 年），內閣、九卿（六部、都察院、通政使司、大理寺九個部門的長官）、六科給事中、十三道監察御史聯名上疏，極論傳奉官之弊。明憲宗也有所省悟，將李孜省又貶為上林監丞，並裁汰了五百餘名傳奉文職，只留下 67 人，但八百餘名傳奉武職卻未更動。

李孜省也因此深恨這些朝臣，更加拚命地鑽研法術，重新獲取皇帝的信任，終於又復為左通政使。當了還鄉團的李孜省大肆報復朝臣，並在政治鬥爭中充分運用法術這個武器。他經常透過占卦算命的方式，算出哪些朝臣有什麼問題，就報告皇帝。明憲宗非常信任他，往往依其言調動或貶黜這些朝官。後來文官們也明白了李孜省和梁芳聯盟的巨大能量，一些文官也開始依附這個聯盟，從此開啟了一個內外勾結的模式，一些品德較差的文官選擇與後宮貪官聯合，幫他們在外朝辦事。儘管可怕的傳奉官制度很快被廢止，但其對文官系統的衝擊卻是根本性的，影響再難彌合。

4.3 也有太監不貪財

　　萬貴妃的崛起，帶回了一個宮妃、宦官、僧侶與朝官們交織構築的貪腐盛世。但令人稱奇的是，物極必反，就在此際她座下卻又出了一個千古不遇的奇宦——汪直。此人居然是個不貪財的太監，他一生的理想追求和徐有貞相似，攬權是為成就一番偉業，金錢在他眼中似乎落了下乘。但事實上，汪直的攬權行為進一步強化了後宮的實權，把權力從還有點底線的文官手中攬到了太監手中。而且，就算他本人不貪，他又是拿什麼來籠絡貪官們聚在他身邊形成勢力的呢？

汪直是大藤峽（今廣西中部）瑤族部落人士，具體生年不可考。該部落在天順、成化兩朝發生叛亂，後被徐有貞的同鄉韓雍率兵鎮壓，約在明憲宗成化三年（西元 1467 年），年幼的汪直被俘，閹割後送入萬貴妃宮中當小太監。

　　汪直的年齡史書失考，他在進宮後初期做了什麼也語焉不詳，應該是年齡很小（甚至有可能在十歲之前）就當上了御馬監太監，這充分說明他同時得到了萬貴妃和明憲宗的高度寵幸，也可見明憲宗極度寵愛萬貴妃，她座下的一個小太監就可以得到如此令人嫉妒的超擢。汪直得寵的具體原因史書失於詳載，猜想就是在日常生活中善於諂媚逢迎，被明憲宗、萬貴妃認定為了好奴才，但他真正走上政治舞臺還是透過一次優異的政治表現，被明憲宗看在了眼裡。

　　成化十二年（西元 1476 年），宮裡出現了一些裝神弄鬼的靈異事件，這本不足為奇，但司禮監太監韋舍竟然私自勾結一個神棍李子龍進宮來玩兒巫術，這既不合後宮規制，又存在著極大的安全隱患，事洩後韋舍等伏誅。但此事又異常詭異，各方面說法均不合邏輯，甚至調錦衣衛來幫忙調查，還是得不到一個可靠的結論。明憲宗覺得自己在家裡被矇蔽，非常委屈，後來想起汪直這個小太監精明狡猾，又對自己和萬貴妃忠心耿耿，於是讓他改換常服，只帶一兩名校尉出宮去祕密查訪。汪直確實非常精於祕密偵查此道，而且他與都御史王越交好，王越也動用了一些都察院的資源幫助汪

直,所以很快查清了真相並給明憲宗一個滿意的交代。明憲宗並不知道詳情,只覺汪直忠貞幹練,從此將其引為心腹。

趁此機會,汪直提出設立西廠,由御馬監掌管。西廠,自然就是與東廠相對應的一個概念。說到東廠,那是如雷貫耳,也可以說是臭名昭彰,堪稱明代特務政治的代名詞。

東廠,全名東緝事廠,明代內宮祕密警察機關,由於太祕密,所以早期情況史料並不清晰,首次設立的時間可能在太宗朝中期,也可能更早,前幾任廠主均無從考證,總之到憲宗朝已經形成了比較成熟的廠衛體系。所謂廠衛,是東廠和錦衣衛的合稱。最初錦衣衛是國家法定的祕密警察和國家安全機構,但漸漸的,明帝覺得錦衣衛的公務員畢竟不如太監親近,於是扶植太監來取代錦衣衛的職能。最初是派出一批宦官在今北京市東安門一帶成立了一個署衙,稱東緝事廠,專門負責辦理皇帝直接交辦的祕密案件,人員不多,一般只有數十人。

剛開始東廠只負責祕密調查一些內情,但調查的結果還是要移交給錦衣衛北鎮撫司,繼而提交國家司法機構才能起訴審理定罪,也就是說東廠畢竟只是錦衣衛和法司的一個補充。但後來皇帝覺得東廠力量太薄弱,於是要求錦衣衛固定派出一部分兵員去東廠當差,公公們的實力一下子就強大起來,業務急遽擴大,甚至可以栽一些「硬茬」。再後來,東廠設立了自己的「詔獄」,關押、審理甚至處決的能力一應俱

全。至此，東廠具備了偵緝、破案、抓捕、關押、起訴、審理、執行的一整套司法業務，而且是獨立於國法之外的祕密司法權力，無需受公權力甚至倫理限制，所以有著法外施刑的強大黑暗權力。

按慣例，皇帝會派一員司禮監秉筆太監提督東廠，尊稱為「廠公」。一般司禮監掌印太監被尊稱為「大公公」，廠公則被尊稱為「二公公」。當時大公公、二公公等司禮監高位都已被明憲宗從太子東宮帶出來的玩伴懷恩、覃吉、黃高等牢牢占據，汪直雖然受寵，但畢竟跟上明憲宗的時間太晚，而且他出身御馬監，當時御馬監和司禮監的關係已經有較深的隔閡，汪直想再進一步有點困難。於是汪直獨闢蹊徑，創造性地提出設立西廠。

汪直提出這個建議的時機把握得極好，本來明朝皇帝對權力急遽膨脹的東廠已經起了防範之心，這次韋舍、李子龍事件，東廠始終調查不出真相，結果汪直帶一兩名校尉很快就查清，於是明憲宗順勢就答應了汪直，並同意以司禮監提督東廠的格式，由御馬監提督西廠。而且西廠新設，獲得的資源比東廠更多，據傳從錦衣衛劃撥的校尉比東廠多一倍。

西廠開張第一單一定要打響！從這一點來說汪直確實也很能幹，他首先將目光投向了最容易出貪腐問題的地方鎮守太監，而鎮守太監中最容易出問題的自然是南京守備太監，所以第一個被汪直盯上的倒楣鬼正是時任南京守備太監覃力朋。

覃力朋調集了一百艘官船,運輸應天府的貢品至北京,返程時利用返空船運送了一百船私鹽回應天府去賣,賺取利潤。這種行為沿途肯定也會受到官府的糾察,船隊經過武城縣(今山東德州武城縣)時,典史(要求檢查貨物,覃力朋有恃無恐,竟然毆打典史,甚至射死一名縣吏。本來這在當時是覃力朋這種等級的太監能夠蓋得住的小事,但碰巧就被汪直知道了,立即出動西廠緹騎(錦衣衛派給東西廠的騎警)抓捕覃力朋,其犯罪事實清楚,證據確鑿,一審即判處死刑。雖然後來覃力朋辛免於死,但明憲宗更加認準汪直確實精於偵緝鋤奸,愈發寵信,西廠權勢日盛。

汪直很快形成了一個以兵部尚書兼左都御史王越、山東左布政使陳鉞、錦衣百戶韋瑛等為核心的團隊,屢興大獄。而且西廠的業務範圍比東廠大得多,東廠其實主要還是監察官員,一般不會主動去干涉民間。現在從王府到邊關,從河海到集市,到處都布滿西廠的特務,民間爭吵打罵、偷雞摸狗的瑣事都不放過,一時弄得來「人情大擾」。而且東廠主要也是針對六品以下的官員,尚書、侍郎或者皇親國戚一般還是不會輕易招惹,而西廠成立不久就出了一個大新聞。

建寧衛指揮使楊曄,是宣宗朝名相「三楊」之一楊榮的曾孫,其父楊泰被仇家所告,逃到京師來,躲在姐夫董璵家。董璵認識韋瑛,去找他幫忙。韋瑛卻出賣了楊泰父子,汪直立即將楊泰父子逮入西廠詔獄,動用酷刑逼供。楊曄屈打成

招，謊稱有一筆錢寄存在叔父兵部主事（相當於處長，正六品）楊士偉家裡。汪直沒有上奏，直接抄了楊士偉的家。最終，楊曄死在獄中，楊泰論斬，楊士偉貶官。調查過程中，大量郎中、參政被無故逮入詔獄協助調查，西廠這種作風開始引起了中高層官僚的警惕。而矛盾的總爆發發生在兵部尚書項忠身上，當時汪直權焰炙天，每次出行都前呼後擁，公卿都要迴避。有一次被項忠遇上，他偏不避讓。汪直自恃權重，氣焰非常囂張，對其大加羞辱。

這就刺破文官的氣囊了！文官們終於認識到：東廠雖有黑暗權力，但還不至於欺人過甚，西廠這完全是不要命的打法，冤殺了楊榮的後代，傳訊大量郎官，折辱當朝尚書，那再過幾天豈不是要騎到宰相頭上來了？不行，必須反擊了！

明憲宗成化十三年（西元 1477 年）五月，首相商輅率內閣大學士萬安、劉珝、劉吉聯合進諫，奏汪直各種不法行徑。結果明憲宗反而為閣臣統一攻擊宦官的行為震怒，命司禮監太監懷恩、覃吉、黃高到內閣嚴厲斥責閣臣：「這是你們誰主使的！」商輅正義凜然，歷數汪直的罪行，並說：「臣等同心一意，為國除害，不分先後。」劉珝也在一旁慷慨泣下，文淵閣登時充斥著一股直臣力戰奸宦的浩然正氣，懷恩這種本來就很正直的忠奴當然就被感動了。更重要的是，司禮監和御馬監本來矛盾就很深，汪直的一系列行為更是不斷刺痛司禮監，所以懷恩等人如實回稟明憲宗。明憲宗默然，最終

傳旨慰勞內閣，但依然沒有處分汪直。

第二天，項忠等公卿的奏疏又不斷報了進來，明憲宗終於明白汪直已經得罪了所有人，禍事大了，只好下令停辦西廠，汪直等宦官回御馬監，韋瑛調往邊關，校尉發還錦衣衛。一時「中外大悅」。然而，大家都沒有想到的是，明憲宗解散西廠只是迫於輿論壓力，他對汪直本人的寵愛並沒有因此而減少，汪直的反擊馬上就要到來。

汪直回到御馬監，找機會對明憲宗訴說這次他受攻擊，是司禮監的老太監黃賜、陳祖生與楊榮家族有勾結，他們為楊曄報仇。後宮與前朝勾結也是政治大忌，明憲宗立即貶斥了黃賜、陳祖生。此事也將明憲宗依然寵信汪直的訊號釋放了出去，一個御史戴縉為人非常奸佞，九年不得升遷，於是窺測上意，大肆吹捧汪直的功績。明憲宗聽了非常稱心，詔許重開西廠，並且這一次派出錦衣千戶吳綬為鎮撫使，兵力更比百戶韋瑛的時代強了數倍不止。

更可怕的是，現在東廠也知道西廠的能量了，不再硬性對抗，而是選擇了合作。不久，東廠誣告項忠有不法行徑，汪直又指示親信言官揭發項忠有違法行為，甚至牽連了太監黃賜、興寧伯李震、彰武伯楊信等顯貴。憲宗命錦衣衛會同三法司（刑部、都察院、大理寺）會審，大家都知道這是汪直的意思，不敢違背，最終將項忠革職為民。繼而汪直的黨羽火力全開，猛攻當時和項忠一起上奏解散西廠的公卿，不

久刑部尚書董方、兵部尚書薛遠、左都御史李賓、兵部侍郎滕昭、程萬里等數十名二三品大員均被罷免。最令人洩氣的是，最終，文官系統的一把手──首席輔政大學士商輅也宣布引咎辭職，徹底向汪公公認輸。

厲害呀！當年石亨將都察院全滅，也只涉及都察院一個部門，左右都御史兩位二品公卿。現在汪直這一下滅了六部九卿的數十位公卿，甚至連首相都扳倒了，簡直要讓石亨都刮目相看呀！

成化十五年（西元 1479 年），汪直巡視遼東邊關，一路上御史、主事等級的官員（六、七品）全都「迎拜馬首，筆撻守令」（迎著汪直馬來的方向跪拜，垂手站立在一邊等候命令），掛侍郎、副都御史銜（正三品）巡撫邊關的大臣則背著箭袋迎接，鋪張百里。這其中，尤以其親信陳鉞侍奉最殷勤，連汪直左右的小太監都接到了重金賄賂，汪直覺得很有面子，非常高興。途中，河南巡撫秦紘密奏汪直巡邊擾民，明憲宗置之不理。兵部侍郎、遼東巡撫馬文升接待汪直稍微怠慢了點，汪直便構陷其罪，將其流放至重慶衛充軍。

一名進士出身的侍郎、巡撫，而且戰功卓著，汪直一句話就將其流放充軍，這已經不僅僅是讓石亨刮目相看了。秦檜誣殺岳飛也得策劃一套方案，編個莫須有的罪名，哪有汪公公一句話這麼爽快。至此，汪直的權勢達到頂峰，甚至堪稱集石亨、徐有貞、曹吉祥的權力於一身的大權臣。

那他到底有沒有作出一些功績來呢？客觀地說還是有。憲宗一朝宮妃、太監、僧道奸佞四起，政治、經濟、文化表現均不佳，堪稱相當差勁的一朝，少有的亮點便是遼東、河套的戰績尚可，尤以汪直、王越力主的搜剿河套策略頗具策略眼光。河套地區即黃河「幾」字型區域，約在今寧夏、內蒙古西部，水草豐美，有「塞上江南」的美譽。此地本是漢地，但宋明以來地球進入小冰河期，該地糧食產量下降，漢民逐漸遷離，久之成為游牧民族放牧的樂園，尤以瓦剌哈喇輝特部為首，已將此地當做故居。

土木堡之變後，明廷的北方防禦體系大幅收縮，幾乎將河套地區拱手讓出。然而河套地處宣府、大同的正西方向，在長城中段的內側，蒙古鐵騎可「一躍而至京師」，其實非常危險。汪直、王越力主搜剿河套，取得了不俗戰績，王越甚至因軍功封威寧伯，成為明朝歷史上僅有的三位文官因軍功封爵（另兩位是靖遠伯王驥、新建伯王守仁），可見戰功卓著。而且多年之後，河套還是漸漸丟失，世宗朝著名軍事家曾銑撰寫了著名的《復套議》，力陳收復河套的重大策略意義，朝廷又花了更大的成本，艱難地部分收復了河套。可見當時人們攻擊汪直、王越提出搜剿河套是貪功費帑並不客觀，他們其實很有策略眼光。

不過日中則昃，月滿則虧，汪直的權勢、功績達到頂峰，很快就面臨下坡路了。而他的對手整治他的方法和前人

整治石亨、徐有貞、曹吉祥如出一轍。

汪直身為御馬監太監,經常要外出監軍,而他和司禮監的矛盾達到了歷朝頂峰,他人一走,皇帝身邊的太監就趁機說他壞話,這是佞幸之輩最常用的戰術。有一個叫阿丑的小太監善演話劇,有一次表演給明憲宗看,演一個發酒瘋的人。配角在旁說:「御駕來了!」阿丑依然故我。配角說:「汪太監來了!」阿丑慌忙迴避,還說:「現在的人只知道汪太監(而不知皇帝)。」然後阿丑又扮作汪直,操兩把大鉞雄糾糾地衝到皇帝面前。配角問這又是什麼意思?阿丑說:「我帶兵,就靠這兩鉞。」配角問:「哪兩鉞?」阿丑答:「王越、陳鉞!」明英宗啞然失笑,若有所悟。東廠廠主尚銘與汪直結仇,於是密令小太監偷聽皇帝與汪直的密語,然後洩露出去,其中包括他們談論王越的一些不法行徑。公眾知道皇帝密議大臣不法行徑,卻不公開,這讓明憲宗丟盡了臉,非常生氣,從此開始疏遠汪直。

以前這招是太監用來整文官的,現在已經引入到司禮監和御馬監的內鬥,可見太監內鬥已經相當激烈。

明憲宗成化十八年(西元1482年),大家覺得時機成熟,開始向汪直發起致命一擊。大批給事中、御史上疏稱西廠苛擾,要求停辦,首相萬安代表內閣表示堅決支持。明憲宗聽多了西廠的壞話,有點動搖。當時汪直正在大同監軍,大同巡撫郭鏜適時上疏稱汪直與大同總兵許寧不和,不宜再在此

地監軍。於是明憲宗在撤銷西廠同時，將汪直調往南京御馬監賦閒，汪直瞬間從權力頂峰跌落成一個冷宮太監。

汪直前往南京的路上風光不再，一路的官員不再像以往那樣一路逢迎，而是根本連見都不見。汪直非常失落，有一日夜宿曲陽（今河北保定曲陽縣），巧遇知定州裴泰，於是裴泰請他吃了點東西。貼了一路冷屁股的汪直非常高興，這下終於遇到真心朋友了！當年汪直有一次路過定州，裴泰侍奉得非常殷勤，汪直還專門記下了他的名字，以待日後超擢，看來這人是真記情。汪直說：「你也不用太麻煩，明天備好車馬送我啟程就行。」裴泰喏喏唯是，答應下來。第二天一大早，裴泰揚長而去。汪直望著裴大人的背影，終於明白了自己的處境，潸然淚下。不久，他的黨羽王越、戴縉、吳綬、韋瑛等紛紛遭到貶斥。不過汪直本人並未受到更多懲處，只是退出了歷史舞臺，多年後不為人知地死於南京。

汪直受寵十餘年，尤以提督西廠的五年最為炙手可熱。他在憲宗朝這個貪腐橫行並以太監為主力的時代，竟然沒有特別出格的貪腐行徑，似乎真的不貪錢，只攬權。然而客觀地說，汪直這人還是相當驕奢淫逸的一個人，這從他對排場的要求可見一斑。他沒有著名的貪腐行為，這一方面可能是因為他還年輕，在功業上的追求暫時蓋過了對金錢的追求；另一方面則是他最終得了善終，沒有徹查他的問題而已。汪直一度權焰炙天，他身邊圍繞這樣一個龐大的勢力集團，還

有大量外圍的貪官努力想擠進他的核心團隊，汪直不靠利益又是靠什麼來拉攏他們呢？所以他本人貪不貪並不是最重要的，重點是他打造的這個團隊，貪欲之重，更甚前輩。

汪直被視為司禮監和御馬監權力鬥爭的一個代表性人物，而兩監鬥爭的一個題眼便是爭奪鎮守太監的肥缺。明代第一位鎮守太監正是著名的內官監太監鄭和（也有考據認為是稍晚的王景弘或王貴通），在宣宗朝初期出任南京守備太監。但後來內官監權勢衰頹，司禮監崛起，逐漸將這個肥缺攬入懷中。大致便是在汪直擅權期間，御馬監急起直追，與司禮監分庭抗禮，很多鎮守太監都由御馬監派出。甚至在不短的時間內，除南京守備太監外，十三地鎮守太監悉數落入御馬監盤中。汪直為他御馬監的小弟們爭取到這麼多鎮守太監的肥缺，首要目的是換取他們的忠心，但他們出鎮就不貪嗎？所以說汪直打造的這個貪腐體系，其實根本不亞於梁芳等人。

4.4 紙糊三閣老，泥塑六尚書

可能有人忍不住要問，憲宗朝宮鬥如此劇烈，真正掌握政權的朝廷命官們呢？

答案非常令人洩氣——他們全部做了縮頭烏龜。

4.4 紙糊三閣老，泥塑六尚書

是的，一群沒文化的宮女、太監操持權柄，鬥得不亦樂乎，而飽讀孔孟詩書，身負先賢聖訓的這個群體，卻全部做了縮頭烏龜。這不得不說是一個令天下蒼生寒心的局面。

憲宗朝的文官也不是完全沒有抗爭，每次宮女、宦官亂政之時，總還是有那麼幾位大人正義凜然地站出來，不過他們很快就會被鬥倒。所以文官們最初還鬥一鬥，漸漸就老實了。客觀地說，這一朝文官們的表現比一些真正的犬儒時代還是要好得多，但就宋明六百年的政治傳統相對而言，憲宗朝就算是最差的一朝了。這個時代被貼上了一個「紙糊三閣老，泥塑六尚書」的標籤，來形容本應作為國家棟梁的宰相、尚書，卻都如紙糊泥塑一般，眼睜睜看著宮女、太監們禍害天下，卻沒有半點屁用。

這九位大人分別是：內閣大學士萬安、劉珝、劉吉，吏部尚書尹旻、戶部尚書殷謙、禮部尚書周洪謨、兵部尚書張鵬、刑部尚書張鎣、工部尚書劉昭。

萬安作為這個團體的帶頭人，早在登仕之初便確定了結交內宮的策略。萬安早在明英宗正統十三年（西元 1448 年）便中進士，有一位同事叫李泰，是宦官李永昌的姪子。李泰比萬安小幾個月，但萬安以兄長事之，李泰非常高興，每次推官都力推萬安，並且透過李永昌的關係結交上了萬貴妃。因為同姓，萬安又自稱是萬貴妃的姪子，這讓沒有親人的萬貴妃也感到有幾分心暖。從此，萬安對宮中的動向掌握得一

清二楚。明憲宗成化五年（西元 1469 年），萬安以禮部左侍郎兼翰林學士入直文淵閣，開啟了他十八年宰相生涯。

當時首相是彭時，次相是商輅，都還算是名臣，萬安入閣後一言不發，他們說什麼就是什麼。成化七年（西元 1471 年），天生異象，彗星犯太微，這種時候朝廷一般會趁機指出是天庭對人間的時政不滿，君臣有什麼過失，也是一個大家提意見的機會，是古代的一種輿論制度。當時不少人說過失就是君臣間隔，都被宮女、太監弄權，文官被晾在一邊了。

明憲宗召內閣評議，萬安表示他不想去，彭時、商輅力求，他才勉強跟著一起去。結果去了萬安又不說話，有個司禮監宦官看不下去，提醒他說兩句。萬安說：「第一次見皇上，不是很熟，別讓我多嘴，他日再說。」結果他再也沒跟皇上熟過，每次來都說這句。後來總算有一次萬安主動說話了！當時彭時、商輅正與皇帝議事，都已經忘了他也在旁邊。彭時說到有御史奏請削減京官俸祿，但這事兒不太好啦，皇上就別減了。明憲宗剛點了點頭，萬安突然跳出來，頓首高呼一聲「萬歲！」這是大臣覲見皇帝後告退的禮儀，相當於普通人拱手說一聲「告辭」。彭時、商輅相視一眼，也只好叩頭高呼萬歲，三人一起告退。

其實當時事情還沒談完，萬閣老這聲「萬歲」不知是因為保住了薪水高興得跳出來喊了一聲「萬歲」，還是真的告退，無論如何，這是一種相當不禮貌的行為。但萬安發現這招很

好用，於是經常在內閣問對時，先一言不發，想中斷議事時就跳出喊一聲「萬歲」，大家也只好跟他一起告退，後來人們便笑稱他為「萬歲閣老」。久之明憲宗覺得簡直沒什麼意思，也就不再召內閣問對，皇帝和文官之間的隔閡更深。其他人都知道是萬安造成的這種局面，但也拿他沒辦法。

其實萬安還有一個很不雅的外號——「洗屌相公」，這是據說萬安曾向明憲宗進獻春藥以邀寵。此事本是他和明憲宗之間的隱私，不過不小心讓太子知道了。後來太子繼位當了皇帝，故意把此事公開說出來，一時引為笑談。萬安好歹是個讀書人，一張老臉掛不住，最終灰溜溜地辭職退休。

萬安一共當了 18 年內閣大學士，其中 10 年為首相。除了幾個笑話，基本沒做過正事，說起來只有成化十八年（西元 1482 年）罷西廠一事，萬安還算出了點力。不過這可能是萬安和司禮監關係很鐵，所以幫忙參與了一下司禮監和御馬監的內鬥，他也正是在這一年正名為華蓋殿大學士（嚴格意義上的首相），之前已經以謹身殿大學士（嚴格意義上的次相）代理首相四年了。所以這些人做事情，很難說沒有目的。

紙糊三閣老的第二位劉珝，其實他被列入這個名單有點冤枉，因為他還算是個不錯的文官，只是時局弄人，很無奈地被劃入了這個小丑行列。

劉珝和萬安同為正統十三年戊辰科進士，而且同考取庶吉士，入翰林院學習，三年期滿又都通過了散館考試，授予

翰林編修（正七品）。但兩人性格差異很大，萬安陰鷙，而劉珝疏闊。劉珝作為翰林侍讀學士時，擔當經筵講師，「反覆開導，詞氣侃侃，聞者為悚。」大學士劉定之盛讚劉珝為講官第一。成化十一年（西元1475年），首相彭時去世，劉珝以吏部左侍郎兼翰林學士入直文淵閣，排在他前面的是商輅和萬安，後面則是劉吉。

劉珝其實比較符合傳統士大夫的形象，入閣前後都多次直言進諫，得勢的貪官梁芳、僧繼曉、李孜省甚至王越都遭到過他的猛攻，還曾痛斥萬安枉為宰相，負國無恥！但在一個全面腐化的背景下，他這種人反而容易陷入四面楚歌。這種人往往也很缺乏鬥爭經驗。成化十三年（西元1477年）西廠初建時，商輅便率當時的內閣聯合進諫，請罷西廠，劉珝義無反顧地參加了。而且商輅在向皇帝慷慨陳詞時，另兩位閣臣萬安、劉吉默不作聲，劉珝卻在一旁慷慨泣下，可見還是很有血氣的一個人。

不過那一次明憲宗勉強同意罷西廠後一個月又重開，大家都遭到汪太監的報復，甚至商輅被排擠辭職，這猶如漫天冰霜澆在一腔熱血之上，對劉珝打擊極大，從此也不再直言進諫了。默默混了五年後，萬安突然敏銳地察覺到汪直已失寵，於是邀劉珝一同奏請裁撤西廠。劉珝受過一次打擊，哪裡還肯再做這種傻事，堅決不同意。萬安只好獨名上奏，明憲宗接到奏章還很驚訝劉珝不是那麼正直嗎，這次怎麼不出

頭了?萬安眼珠一轉,乾脆說劉珝和汪直其實有勾結,明憲宗對劉珝的印象一落千丈。

成化二十一年(西元1485年),劉珝之子劉鎡召妓狎飲(注意,當時嫖妓是合法的,只是不太雅),萬安指示一個戲子趙賓作了一個三級片《劉公子曲》,非常汙穢,另一頭又指示教坊院(主管音樂的部門)奏稱出了這麼個大毒草。明憲宗大怒,手書一封切責劉珝,遣太監送給萬安、劉吉兩位閣臣先過目。萬安、劉吉一見此信,假裝大驚,還拚命為劉珝求情。一回頭他們就去告訴劉珝:「你完蛋了,皇上已經決心罷免你了,不信你看這封信。你不如明天一早就主動請辭,免得被開除多丟臉。」其實明朝任免閣臣有一套很嚴格的方式,絕非皇帝說開除就能開除,明憲宗也只是向另兩位閣臣表達一下對劉珝的氣憤,還遠遠沒到要罷免他的地步。但萬安、劉吉拚命請求皇帝不要罷免劉珝,其實恰是在引導他動罷免這個念頭。而且劉珝也確實經歷了很多波折,已成驚弓之鳥,被萬安、劉吉一嚇,第二天真的請辭而去。

所以說,稍微清正點的人一旦入了這種大貪腐的背景環境,總是踩不準節奏,容易被貪官奸臣玩弄於股掌,被嚇怕了更是心灰意冷,無所作為。不過劉珝好好的一個讀書人,最終在歷史上留下一個「紙糊閣老」的惡名,著實有幾分冤。

非常巧的是,紙糊三閣老的第三位劉吉,也是正統十三年庶吉士,十六年授翰林編修,三個人其實都是同學,劉吉

還和劉珝在成化十一年同年入閣。不過劉吉一開始就明確了緊跟萬安、傾軋劉珝的策略，陰險卑鄙的手段信手拈來。而且劉吉有一大特點——臉皮厚。明代非常流行彈劾，像劉吉這種人每天都能收到雪片似的彈章，但他毫不在意。你罵你的，我升我的官。於是人贈外號「劉棉花」，意思是彈棉花，這人像棉花一樣，就是拿給你們彈的，越彈我還越順了。

須知宋明的政治鬥爭很文明，文官之間的鬥爭一般不見血，就是互相彈劾，揭露對方的過失。宋明文官一律由科舉進，都是飽讀詩書的儒士，視名節重於性命，更遑論官位了，如果攻擊到了痛處，很容易請辭而去，所以這種鬥爭方式就成了常規。但像劉棉花這樣的庶吉士居然臉皮厚得突破了常規，也實屬罕見。從另一個角度看，劉棉花受了這麼多彈劾，賴著不滾也就算了，居然還能連續高升，可見整個大環境都已敗壞。

但令人意外的是，隨著改朝換代，劉吉居然發生了良性轉折。成化二十三年（西元 1487 年），明憲宗駕崩，太子朱祐樘繼位，史稱明孝宗，改明年為弘治元年。明孝宗和漢文帝（劉恆）、宋仁宗（趙禎）一道被譽為中華帝國三大聖君，他一掃憲宗朝的黑暗弊政，大肆清理前朝佞幸，任用賢能，朝政為之一清，史稱「弘治中興」。明孝宗登基第一件事就是公布「洗屌相公」的醜事，讓首輔萬安滾蛋。繼而萬安的黨羽彭華、尹直均被罷免，內閣只剩下劉吉一人。不久，吏部

左侍郎兼翰林學士徐溥、禮部右侍郎兼翰林學士劉健遞補入閣，位列劉吉之後。徐溥、劉健都是著名賢臣，「弘治中興」的締造者。劉吉何其敏銳，他立即知道風向變了，居然在一夜之間變了一個人。

劉吉知道徐溥、劉健正直，只要他們直言進諫，劉吉都去跟著署個名。如果反響不錯，劉吉便大肆吹噓是他的建言，由此不斷累積美名。弘治二年（西元 1489 年）春旱，明孝宗讓儒臣撰寫詞章祈雨，劉吉居然義正詞嚴：「這不是李孜省這些妖人的老把戲嗎？他們觀察到月宿在畢，即將下雨時就奏請祈禱，應驗了就邀寵。這個幸門一開，妖人們爭相建言祈禱，邀寵召禍，就是這麼來的！陛下讓我寫這祝文，我不敢奉詔！」明孝宗見他這麼正直，於是作罷。

後來，劉吉不但自己拒收禮品，一旦知道皇帝收了什麼禮物，都要上疏請皇帝不要收，弄得明孝宗退了很多次禮。甚至國外的貢品劉吉也說不能收，吐魯番（今屬新疆）進貢了一隻獅子，孝宗非常喜歡，令內閣頒敕嘉獎使者，並讓宦官送去。劉吉又義正詞嚴：「他是朝貢國，送就送嘛，不需要這麼優寵！」硬是不頒這道敕令，明孝宗也只好作罷。見皇帝服軟，劉吉還來勁了，寫了一篇宏論，論述養一隻獅子要花多少多少錢，這是奢靡，要解決也很簡單，把牠餓死不就行了！劉吉還不斷勸諫明孝宗減少宴請和遊樂，還說：「如果有大臣援引憲宗朝典故想開宴樂，陛下要立即援引太祖太宗的

典故斥退！」這既表明了他清正勤儉的品德，又和奢靡腐敗的憲宗朝劃清了界限。

其實劉棉花不是不怕彈，而是他富有應對彈劾的技巧。有些揭露他本質的彈劾他就堅決鎮壓，不惜屢興大獄，而對於那些不痛不癢的彈劾，他就大展棉花本色，讓你彈個夠。對於氣量狹小的人（比如明憲宗）他就阿諛諂媚，而對於氣量宏大的人（比如明孝宗）他就義正詞嚴。這樣既沒被揭露本質，又展現了寬宏豁達、清正剛直的真儒風采。憑著這些技巧，劉吉很快重塑了他一代錚臣的形象，以謹身殿大學士代理首相四年後，於弘治四年（西元1491年）晉升為少師、吏部尚書、華蓋殿大學士。不過加銜、本官、差遣都到了極致後，劉吉似乎有點鬆勁，何況路遙知馬力，日久見人心，大家還是漸漸想起了他當年的種種惡行。第二年，明孝宗將劉吉勸退。

至此，「紙糊三閣老」終於全部退場，其實這三人很有代表性，《明史》稱「安貪狡，吉陰刻，珝稍優。」萬安是真正的奸臣，一開始就明確了緊跟萬貴妃和諸閹的路線。劉珝本來是還不錯的清官，但戰鬥意志不強，遭受打擊後有點自暴自棄，這也是大環境埋沒人才的無奈。最有意思的是劉吉這個狡猾的牆頭草，貪官奸臣得勢時，他賣力地整人，一旦發現風頭變了，搖身一變又成了一代能臣。其實他們也代表了當時官場上大多數人的狀態，極端的忠臣和貪官畢竟都是少

數,大部分人所表現出來的品性是可以隨著環境而改變的。

至於「泥塑六尚書」就不一一詳細介紹了。一則公卿畢竟沒有宰相重要,內閣有「洗屑相公」、「棉花閣老」賣力表演,他們又能怎樣呢?二則其實他們好像也算不得大奸大惡,像劉珝那種隨大流的人居多。不過六尚書中唯有一位值得一提,便是兵部尚書張鵬。這個張鵬並非別人,正是前文所說,明英宗天順元年配合楊瑄召十三道掌道御史聯名彈劾石亨、曹吉祥時的那位掌道御史張鵬。

張鵬任兵部尚書的時間其實也不長,從成化十八年(西元 1482 年)三月至二十一年(西元 1485 年)閏四月退休,前後三年而已,便被很不幸地掃進了「泥塑六尚書」這個笑柄組合。張鵬是景泰二年(西元 1451 年)辛未科進士,初為御史,頗為正直,第一封上疏便是勸誡皇帝不要收禮,並說:「用利益事奉君主,應該是臣子的大忌。每逢節慶,臣子們進奉那麼多財物,若非貪汙受賄,哪來這麼多餘財?而且天下都是皇上的,要這些錢做什麼呢?建議把這些都停掉,以塞奔走諂媚之途。」景泰帝採納了他的意見,張鵬一時聲名鵲起。

明英宗天順元年(西元 1457 年),楊瑄召集御史聯名彈劾石亨、曹吉祥,張鵬時任都察院掌道御史,頓時熱血沸騰,召集了全部十三道掌道御史聯名出劾。結果御史們一敗塗地,被石亨全滅。楊瑄、張鵬遭罪最慘,最初被判死刑,

後改流放遼東充軍。直到明憲宗登基，眾臣紛紛舉薦英雄復官，並很快越級提拔為福建按察使，張鵬才鹹魚翻身。監察御史是正七品，按察使是正三品，這麼多年苦還是沒白受。不過很顯然，經歷了這麼大的挫折，張鵬的心理素質變化很大。《明史》稱張鵬「初為御史，剛直尚氣節，有盛名。後揚歷中外，唯事安靜。閣臣萬安、劉吉輩專營私，鵬循職而已，不能有所匡救。」

好一個「唯事安靜」，就是因為這四個字，曾經的熱血青年張鵬也被劃入了「泥塑六尚書」的行列。表面上看當兵部尚書後張鵬也還建言不少，有一次汪直鎮守大同時懷疑蒙古將大舉入侵，向京師請發援兵，張鵬力諫不可，勇於正面駁斥汪直的意見。但事實上他的建言僅限於軍事專業領域，在諫言得失方面便噤若寒蟬了，御史本色磨滅殆盡。成化二十一年（西元 1485 年），張鵬又遇到了比當年更大的陣仗——首相商輅召內閣九卿六科十三道聯合彈劾明憲宗濫授傳奉官，身為兵部尚書，張鵬只好跟隨。

不過這一次他韜光養晦，只以九卿之一湊了個角色，並沒有像上次那樣跳到最前。但是既然身居高位，就應該肩負重責，身為一介儒生，孔孟先師的聖賢教誨不知張鵬還記得幾分？明憲宗見反對意見這麼強烈，也只好同意清理傳奉官，讓吏部清理傳奉文職，兵部清理傳奉武職，分別清出五百餘名和八百餘名。然而在最終確定清退名單時，張鵬卻

畏縮了，他知道這些都是某些當權太監的爪牙，不敢得罪。最終，朝廷清退了五百餘名傳奉文職，八百餘名傳奉武職卻全都留任。

　　內閣九卿六科十三道聯名出劾，如此氣勢恢弘的大戰役，推進到最後一步居然搞成了爛尾工程？官員們的氣憤可想而知，這次大家都將恨意積往了臨陣退縮的張鵬。不久又有一位奸民章瑾透過進獻珍寶，讓太監說服明憲宗授其為錦衣衛鎮撫使（從四品武職），讓兵部擬詔。本來這不合規制，內閣駁回了兵部的這道奏疏。但張鵬知道章瑾已經獲得了明憲宗許可，於是不顧各方阻力大力舉薦。這下張鵬徹底引爆眾怒，大家確定他再也不是當年那個力敵石亨、曹吉祥的剛直御史了，彈章如暴雨般砸向他的頭上，張鵬狼狽辭官回家。

　　說實話，張鵬的人生有那麼幾分悲涼，但他這種人生態度的轉變其實也容易理解。一來張鵬被石亨那一次整怕了，憲宗朝又不斷出現宦官佞幸打擊朝臣的情況，更是令他心悸不已；二來也不得不說恐怕是對朝廷的心冷，周太后、明憲宗你們既然能公然漠視禮法，又憑什麼要求儒臣始終保持一顆向聖之心呢？張鵬可以說是喪失了理想信念，從胸懷天下的正氣大俠墮落為卑猥犬儒的典型。張鵬這種經歷又豈非大多數人的共同寫照？出淤泥而不染其實也是有條件的，淤泥太強大時，誰還想守身如玉地破出淤泥，那就只能被淤泥淹

沒。在那個泥沙俱下的時代,能活下來的,只能是和光同塵的剩餘物。而像張鵬這樣曾經剛直的人,受到打擊後心態發生逆轉,其前後的對比更加令人不忍直視。

紙糊三閣老,泥塑六尚書。這惡名當然也不是冤枉他們,但這不僅僅是他們個人的人品問題,更多是那個時代的悲哀。或許他們中的大多數人生在一個好時代,哪怕就晚生二十年,生在「弘治中興」之中,就能成為萬千直臣中的一員,以直臣能吏之名留於青史。比如泥塑六尚書中的禮部尚書周洪謨,其實是明中葉一位傑出的學術大家,他在彌留之際還在病榻之上寫就了著名的《安中國定四夷十事》,可見是心憂廟堂的,但他在憲宗朝卻斷無施展的空間,只能與另外八位互相作陪,無奈地看著各自的名字被記入紙糊泥塑這個可笑的行列。

4.5 動搖國本的唐伯虎作弊案

孝宗一朝堪稱眾正盈朝,連劉棉花都轉型做了清官,不愧為三大聖君之一締造的偉大中興,但仍然出了一個震驚天下的大案。此案之重,不在金額巨大,也不在案犯身分,而在於此案直接攻擊了隋唐以來中華帝國上千年的政治根基,這便是弘治十二年(西元 1499 年)己未科會試舞弊案。

4.5 動搖國本的唐伯虎作弊案

　　此案其中一位案主非常有名——唐寅，字伯虎，明代最著名的畫家、詩人。即便沒有牽涉進這場大案，唐寅在詩文和書畫方面的成就已經足以名垂青史。唐寅因詩文與祝允明（祝枝山）、文徵明、徐禎卿並稱「吳中四大才子」——所謂「吳中」即後世所稱江南，又在繪畫上與沈周、文徵明、仇英並稱為「吳門四家」，又稱「明四家」，在這方面是徐有貞的徒孫。詩、書、畫中唐寅的畫作成就最高，大量著作藏於世界各大博物館。2013 年 6 月 3 日，一幅唐寅的 32×124cm 橫軸畫卷〈松崖別業圖〉以 2,400 萬元起拍，經過 120 輪競價，終以 7,130 萬元成交，可從一個側面說明唐寅在人類藝術史上的不朽地位。同時唐寅的詩文也以超然隱逸著稱，他的這種風格很容易被戲曲小說作家盯上，後來被打造成了一代風流才子的典範。但事實上唐寅 30 歲被牽涉進這個世紀大案後，眾叛親離，之後以賣文鬻畫苟且偷生，晚年又被牽涉進寧王（朱宸濠）叛亂，極痛一生，與民間流行的文藝形象相去甚遠。

　　唐寅作弊案在當時便有很多疑點，到底是不是冤案至今頗有爭議。

　　唐寅有一位好朋友名叫徐經，其實是著名地理學家徐霞客的高祖。二人同為應天府舉人，於明孝宗弘治十二年（西元 1499 年）結伴進京參加會試。明代的科舉體系已經非常成熟，普通人先參加縣試，合格者成為童生，便有資格參加州

府一級的院試，合格者成為生員（俗稱秀才）。生員有資格參加布政司的鄉試，合格者成為貢生（俗稱舉人），北直隸和南直隸的鄉試稱順天府鄉試和應天府鄉試。

　　舉人們可直接在地方政府做官，也可以參加每三年一次朝廷在北京舉辦的會試，從約 4,500 名舉人中考出約 300 名貢士或稱中式進士。中式進士再進行一場皇帝親自主持的殿試，確定一個排名，即為進士。殿試是等額錄取，只是排位賽而非淘汰賽，所以中式進士其實已經鎖定進士資格。鄉試第一名俗稱解元，會試第一名俗稱會元，殿試第一名俗稱狀元，連續三場都考第一便是所謂「連中三元」。明朝 276 年 88 屆科舉中共有兩位奇才取得如此成就，其中一位便是憲宗朝前期首相商輅。一般來說，這一連串的考試中以會試最為重要，畢竟會試過關，便鎖定了一個進士名額。

　　當時 30 歲的唐寅和 27 歲的徐經都非常涓狂，尤其是唐寅，他作為應屆應天府解元，而應天府是科學考察大省，明代 24,814 名進士中，有 4,146 名來自應天府，比例高達 16.7%，高居第一。88 名狀元中有 23 名出自應天，同樣高居第一。所以應天府的解元考取進士似乎不算很難。事實上明代 88 名應天府解元中，就有 62 名考取進士，70.5% 的比例僅略遜於浙江的 70.8%。像唐寅這種人在應天府解元中都被視為不世出的奇才，進京趕考前就已經小有名氣。到了北京，唐寅和徐經更加高調。徐經家很有錢，進京趕考居然帶

了一大幫僕人和娼妓,並且四處拜訪權貴,揮金如土,「馳騁於都市中,都人矚目。」

若只是高調遊玩也就罷了,唐寅和徐經在京師找人輔導也異常高調。科舉這麼重要的考試,到處上輔導班本是人之常情,最搶手的輔導老師當然是有經驗的出題考官。禮部右侍郎程敏政是南直隸徽州(今安徽黃山)人士,與徐經家是世交,曾多次出任考官,徐經帶唐寅去拜會他。他也早聞唐寅大名,非常欣賞,悉心指導了一番,還為唐寅的詩集題字。不久朝廷公布考官,程敏政正是本屆會試主考。唐寅、徐經更加得意,到處說我們對主考官非常了解,他出題必不出什麼什麼範圍。

程敏政本人也是個大才子,19歲中順天府鄉試第一名,23歲中殿試第一甲第二名(俗稱榜眼),主持修撰了《憲宗實錄》、《資治通鑑綱目》、《明會典》等大部頭。程敏政出題時也忍不住賣弄一下才情,出了一道嚴重超綱的題。此題基於元初思想家劉因的一篇〈退齋記〉,此文實為影射抨擊另一位思想家許衡與其相左的哲學觀點,題目要求分析影射的實質和背景,再就他們分歧的問題提出自己的觀點。

值得注意的是,所謂元初,其實是南宋中後期。明朝奉宋為正統,元朝尚屬外國,而且元朝的思想文化確實也不算發達,所以明人極少有研習元朝思想的。程敏政出這麼一道題,相當於高考出一道題讓你分析菲律賓某位議員的某次國

情諮文，實際上是在暗諷另一位議員提高米沙鄢群島煤炭產量的政策，導致 Visayas 菸草品質下降的事實，然後再就如何平衡煤炭產量和菸草品質的問題提出自己的觀點。程敏政出了這道題後非常得意，到處說今年這道題絕對沒人答得出來。

結果在閱卷場，程敏政卻閱到了兩份考卷，不但知道這位菲律賓議員是在暗諷誰，米沙鄢群島在哪兒，還深入淺出地分析了煤炭開採和菸草品質之間的必然連繫，觀點新穎獨到，辭章大氣優雅，完全是狀元風采。程敏政興奮地跳起來說：「這兩份試卷太精彩了，我看只有唐寅、徐經兩位天才小霸王方有如此才華！」閱卷場的考官無不面面相覷。而程敏政出題這麼刁鑽，讓很多考生垂頭喪氣，唯獨唐寅、徐經二人依然興高采烈，公開宣稱此次必中進士，唐寅甚至宣稱能中狀元，同科學考察生無不驚駭。

這確實太可疑了，閱卷尚未結束，戶科給事中華昶便急不可耐地彈劾了程敏政，懷疑他賣了題給唐寅、徐經。明孝宗震怒，下令緊急中止程敏政的閱卷資格，嚴查此事。文淵閣大學士李東陽親率專案組複查程敏政所閱試卷，同時法司將程敏政、唐寅、徐經逮入大理寺獄隔離審訊。程敏政堅持不承認賣了題，說自己出題自然是平時所想所論，這次只是被研究自己的高手「打題」打中了而已。徐經則非常害怕，因為他確實送過錢給程敏政，但未必是針對這次會試，只是富貴人家的尋常禮儀。

後來徐經熬不住拷打，供認用一塊黃金買通了程敏政的書僮竊取了這次的會試題。唐寅的問題則最麻煩，他承認在考前確實用一枚金幣買了程敏政一篇文章，不過這是拿來送給去年主持應天府鄉試的主考官，吏部右侍郎梁儲。這本是文人之間的一種小遊戲，用以表示送人的文章不是不值錢，但在此刻就有點說不清楚了。所以，初審的結果是三人都算是承認了受賄賣題的事實。

然而尷尬出現了，李東陽率人複查了程敏政所閱全部試卷，唐寅、徐經並不在其中。也就是說，程敏政在考場上大肆張揚的那兩份試卷其實並不是唐寅、徐經的。

徐經得知立即翻供，稱之前供狀係屈打成招，程敏政也要求和華昶當廷辯論。華昶還真的就帶了一大幫給事中兄弟來助拳，刑部尚書白昂、左都御史閔珪召集六科都給事中集體出席，監察御史王恩、王鼎亦在列。結果華昶等人連連語塞，顯然是急於彈劾，根本連事情都沒弄清楚。這時東廠也跳出來湊熱鬧，說這些御史、言官都是華昶的近僚，當然幫著他說話，甚至當著皇上的面說謊，是為欺君重罪。此時又有傳聞稱賣題之說純係子虛烏有，是有人謀取程敏政的官職，指使華昶構陷敏政。明孝宗大怒，將華昶等一干御史、言官也下獄調查，最後辯論最急的工科都給事中林廷玉等被判貶官處理，其餘大多被流放，白昂、閔珪也表示認罪，罰俸二月。

但除了石亨,誰能把御史、言官掃淨?給事中尚衡、監察御史王綬不依不撓地提出上訴,要求釋放華昶,重處程敏政。於是審訊又持續了兩個多月,李東陽的專案組共清理出十三份可疑試卷,疑似事先得了題,但又並非都是程敏政所閱。程敏政更加不服,要求召集同科學考察官全部當面對質。本來都御史閔圭都已經同意,但此時徐經熬不住拷打,已經供認行賄買題事實。於是明孝宗下達了裁決,判處程敏政不避嫌疑,有辱斯文,勒令提前退休;華昶奏事不實,杖責後貶為南京太僕寺主簿;唐寅、徐經行賄買題,破壞科學考察,削除舉人功名,終生禁考,罰款後再罰做小吏贖罪。

程敏政出獄四天後就毒火攻心,疽發身亡。徐經順從地前往浙江周王府充作小吏,希望有朝一日新帝登基,能夠赦免前罪,再次參加科舉,但至死未能如願。唐寅則恥於為吏,從此開始了一段放浪形骸的生活,雲遊四海,賣文鬻畫為生,後來生了重病,無奈回蘇州老家就醫,病中他的妻子、親弟弟都跟他分家。所以有些文藝作品寫唐伯虎有八個老婆,而且他一個都不喜歡,簡直就是搞反了關係。更不幸的是,唐寅遇上了寧王朱宸濠叛亂。寧王早已有不臣之心,廣納賢才,想將唐寅招至帳下。唐寅不從,便遭寧王打擊報復。後來寧王被鎮壓,唐寅卻有寧王逆黨的嫌疑,又遭朝廷反覆調查,最終在四面楚歌中痛苦地死去,享年54歲。後世關於唐伯虎的戲曲文藝作品均將其塑造成風流才子,內心的

苦楚只有他自己知道。

其實弘治十二年己末科群英薈萃，堪稱黃金一代。最終會元被廣東考生倫文敘奪得，緊接著他又在殿試奪魁，連中兩元，成為著名的「廣府狀元」，頗受嶺南文化推崇，有大量關於他的戲曲文藝作品傳世。會試第二名更是一位超級巨人 —— 浙江考生王守仁，號陽明先生，也就是我們常說的王陽明 —— 宋明理學的一代宗師，堪與孔孟程朱比肩的歷史級巨人。王守仁也是年少成名，22歲第一次參加會試，不中。主考官是時任太常少卿兼翰林侍講學士李東陽，他對王守仁說：「你這次雖不中，但下次必中狀元！不如現在就寫一篇〈狀元賦〉？」。王守仁提筆揮就，在場的考官無不驚訝他的才華。

結果第二次參加會試，王守仁依然落榜。直到第三次28歲時，王守仁才考中會試第二名，並在殿試中考取第二甲第六名。殿試按成績分三個級別，第一甲取前三名，即俗稱的狀元、榜眼、探花，亦稱「三鼎甲」，直接入翰林院供職；第二甲取第四名起的百餘人，一般授正七品京官；其餘為第三甲，一般授正七品知縣，之後可升任州、府、都布按三司等地方長官。事實上，二三甲進士實習半年後還要參加一個館選考試，選出十餘名優秀者稱庶吉士，在翰林院再攻讀三年，期滿參加散館考試，合格者亦可留翰林院工作。明代163名內閣宰相中有87名為庶吉士出身，堪稱政壇中堅。

弘治十二年乙未科本來群英薈萃，但就是因為出了唐伯虎一案，被中斷了一屆庶吉士考選，否則這一屆進士中出的人才或許更多，這也是犯罪行為帶給社會的巨大負能量。

同時我們也可以看到，成熟的科舉考試競爭何其激烈，連王陽明也不敢說自己穩拿狀元，甚至會試都是三次才過關。我真的很難理解，唐伯虎到底是哪來的自信，認為自己能穩贏王陽明這個量級的對手？難道他手中有真題？

當然，關於這個案子，至今眾說紛紜，多數人傾向於認為唐伯虎是被冤枉的。但從歷史的角度來看，我認為唐寅一點都不冤枉，甚至處分得太輕太輕，只因當時的人都還沒有認識到這個案子的深刻影響。

科舉制度是隋唐以來中華帝國最根本的政治傳統，也是維繫龐大中華帝國穩定傳承的制度基礎。唐宋以來，世族門閥逐漸消亡，中國社會成為一個扁平化的公民社會，但龐大的中華帝國必須擁有一套高效的管理體系，需要大量飽學之士來填充龐大的官僚隊伍，科舉就是一個選拔官僚的造血機制。這個機制還對抑制門閥的形成非常有利，因為有了嚴格的科舉，誰也不能任意提拔「自己人」搶占關鍵位置，構築私權體系，所以皇帝非常樂於用科舉來防範門閥世族，確保皇位不受威脅。這樣一個根本制度如果遭到破壞，可以說是對中華帝國的政治根基甚至社會形態進行直接攻擊。

抑制門閥的同時意味著這項制度暗藏著一個功能——

保持社會階層的充分流動性，哥倫比亞大學的何炳棣（Ping-ti Ho）教授曾做過一個非常有意義的研究，他收集了明清 12,226 份進士的家庭背景資料，將其中祖上三代均無任何功名或公職的歸為 A 類進士；祖上三代有一人獲得過功名或公職的歸為 B 類進士；有兩個以上的歸為 C 類進士。其中 A 類進士無疑是社會的最底層，其比例可以表徵社會底層流向上層的暢通性。除明初因進士的父、祖輩尚未恢復科舉而顯得特別高以外，大部分年分保持在 47.5% 這個平均值附近，方差很小，顯示社會流動效能保持在一個合理水準上。但明中後期該指標開始出現明顯異常，此研究涉及到明中後期一些典型年分的 A 類進士比例如圖 2 所示。

透過圖 2 可見，直到明神宗萬曆八年（西元 1580 年），A 類進士的比例都始終穩定在均值附近，但之後卻陡降至 29.5% 和 26.5% 這樣的畸低數值，再不久明朝就滅亡了，我想這其中正蘊含著明朝滅亡的必然機理——最基本的政治基礎甚至社會形態，都被某些當權者肆無忌憚地舞弊對待，這個王朝的骨骼已經徹底腐朽，再也不能支撐。而比較明代整體 47.5% 和清代整體 19.1% 的懸殊，我們也不難理解為何會出現萬馬齊暗，走向全面僵化保守的大場面了。這一場滅亡，豈止是亡國，更是亡天下。唐伯虎的這種歷史罪責，遠非什麼石亨、曹吉祥之流的貪官所能比擬。

4　紙糊內閣：沉默的轉折

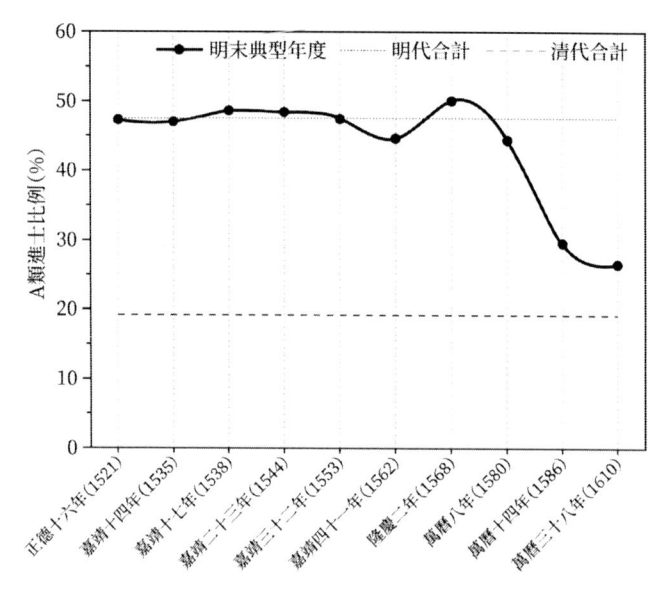

图2　明中後期典型年度科舉 A 類進士比例

從唐伯虎一案始，之後很多擅權用事的貪官都不約而同地要做一件事——想方設法繞開選官制度，安插「自己人」進入關鍵位置，正是在他們的不斷攻擊下，明朝才逐漸喪失了中華帝國最基本的一個政治根基，走向滅亡。所以說，本節所述的慢性病，較之其餘章節，根本不在一個量級，比慢性脫髮和慢性腎炎之間的差距還要巨大。這才是唐伯虎詩中所說：「世人笑我太瘋癲，我笑他人看不穿。」

當然，還有人要為唐伯虎強行辯護，堅稱他是冤枉的，以上指責均不成立。對此我想我們也很有必要辨清這麼重要的問題，這其中有兩個問題尤為重要。

第一，面對這樣的歷史級大案，我們一定要理性對待。其實當時和後世都對唐寅、徐經作出了大量迴護，才使此案顯得撲朔迷離。

首先是李東陽的調查報告刻意隱瞞了一些關鍵訊息，對時人形成了一定誤導。李東陽首先說唐寅、徐經的卷子其實並不是程敏政所閱，這在當時就激起了程敏政、徐經的翻供，甚至造成了輿論轉向。因為當時很多人已經認定程敏政在閱卷場上公開吹噓的那兩份卷子確實是唐寅、徐經的，然而事實一揭開卻不是，人們頓時覺得之前的指責是冤枉的。

這裡李東陽運用了一個非常巧妙的轉折性思維誤導，讓所有人產生了一種冤枉了程敏政他們的感覺。但事實上，程敏政有沒有閱唐寅、徐經的卷重要嗎？其實不重要啊！他只需要提前把題目告訴他倆就行，別人閱卷一樣是高分啊！如果這兩份卷子確實是唐寅、徐經的，那可能當時便可坐實他們早已串通，但就算不是，也不能反過來說他們就沒任何問題呀！李東陽最需要調查清楚的，不是那兩份試卷是否為唐寅、徐經的，不是程敏政到底有沒有在閱卷上做手腳，而是唐寅、徐經到底有沒有答出那道曠世難題，這才是此案的根源——有沒有漏題。然而非常令人失望的是，李東陽的報告中沒有提及檢查唐寅、徐經的試卷結果究竟如何。唐寅、徐經那次會試卷面成績到底如何，那道題他們到底答出來沒有？李東陽沒有告訴全天下，而是拿一個並不重要的轉折把

這個真正最重要的問題抹了過去。

事實上，還有一個很可怕的問題，李東陽報告有十三份答卷都疑似買了題目，但並非均為程敏政所閱，這也是當時程敏政翻供的一個重要依據。但這恰恰很可怕，這十三份答卷是誰所閱根本不重要，只要答出了那道題就有漏題的重大嫌疑。且先不說史料拒絕明確這十三份試卷是否包含唐寅、徐經這麼重要的消息，單就說十三這個巨大的數字也足以怵目驚心，這次漏題的規模該得有多大呀？

其次是戲曲野史的著力美化，讓後人在感情上傾向於唐伯虎，而不願承認他做過天大的壞事──恰如明英宗最初在感情上不願意承認石亨、曹吉祥是壞人一樣──我現在說唐伯虎不冤枉，只怕是做著和楊瑄、張鵬一樣的事，我相信剛才分析了這麼多，很多看官還是會氣呼呼地堅決認定唐伯虎是被冤枉的。但恰如前文所說，一旦涉及貪腐，必須理性對待，不能帶有對藝術家的感性偏護。更需要提請注意的是，若論藝術史上的地位，其實唐伯虎比起北宋奸相蔡京還相去甚遠。唐伯虎的畫作拍賣價最高紀錄 7,130 萬元，這隻能當蔡京書法作品的零頭，但我相信不會有人就此忘記蔡京在歷史上犯下的滔天罪行了吧？這絕非質疑唐伯虎在文藝史上的地位，只是想提醒一句，只要涉貪犯罪，連戰神藍玉、駙馬歐陽倫、大科學家徐有貞都會被血淋淋地扔出來，就不要再強行迴護一個唐伯虎了吧。

第二，此案也深刻提醒了我們，反腐倡廉很重要的一個因素就是一定要避嫌。慢性病往往就是在瓜田李下的曖昧之間，深入骨髓，積重難返。前文所說的「洗屌相公」萬安在科舉上也被《明史》記了個黑帳，說他執掌政府二十年，每遇考試，必想辦法安插自己的門生為考官，然後很多子孫甥婿等能考中。那萬安到底有沒有舞弊行為呢？其實沒有任何證據能夠證明他有，但青史一筆，寥寥數句，後人心中自然就有了一筆帳，圖 2 中後明末 A 類進士的比例陡降，恐怕正是與萬安這類行為大規模失控脫不了關係。

貪腐的形式有很多種，一手交錢一手交貨的愚蠢行為太罕見了，貪官們會想盡辦法隱藏行跡，如果他們稍一隱藏我們就寬宥，那這個世界就永遠抓不到貪官了。反腐倡廉和民事刑法不同，不能以法律的標準要求反貪者提供確鑿的證據，恰恰相反，是應該要求所有的官員自覺避嫌。一旦有誰作出瓜田李下的行為，本身就應該視為違紀（而不是違法）。所謂避嫌不是指有了貪腐行為就隱藏起來，那叫陰險，而是指可能發生危害公平正義的時候就應該主動迴避，尤其是像親友參加考試、工程投標這類情形。像程敏政年年做考官，手握如此大權就不應該去收唐寅、徐經的禮金，又輔導他們。而唐寅和徐經，既然是來趕考，就不應該向可能出任考官的人送錢。

當然，嚴格的避嫌也可能傷害官員自身的利益。但是

「當官不賺錢，賺錢不當官」，既然來當官，被賦予了公共權力，就表示願意犧牲一部分個人利益，這是我們這個社會天然的契約。唐伯虎作弊案之後很多年，神宗朝首相沈一貫的兒子沈泰鴻才華橫溢，奪魁呼聲很高，但沈一貫為了避嫌，嚴禁兒子參加考試，甚至動用了在報考手續上作梗的方法，導致父子反目。這就是避嫌，這就是「宰相兒子不考官，考生老子不為相。」既然願意來承擔公權力，就要有這種犧牲私利的決心和覺悟。還有些人避談私利，假裝從公利角度出發，號稱處處避嫌會帶給日常工作的一些不便，甚至降低工作效率，趁機高喊這是一些老頑固，不開通，一點點小問題都不放任，甚至說是「人為造堵」。但很顯然，貪官在「高效率」的工作方式中暗插一些貪腐行為，只怕對效率的損害更大得多吧？效率，絕對不是放鬆紀律，瓜田李下的藉口。

4.6 沉默的轉折

憲宗朝是明朝官場風氣的一個重要轉折期，雖然沒有靖難之變、土木堡之變這樣的天崩地裂，但對比其前後，慢性病魔的成長依然令人怵目驚心，明憲宗甚至明英宗被很多人視為昏君，不無道理。其後的明孝宗被譽為一代聖君，對其父、祖遺留下的問題進行了認真而卓有成效的清理。然而客

觀地說，明孝宗已經足夠偉大，但畢竟是不是明太祖，他的治療更多的是流於表面，並未深入病灶。

史書記載，弘治初年的宦官多守潔，奉詔出鎮的如福建鄧原、浙江麥秀、河南藍忠、宣府劉清，都是廉潔愛民。兵部上奏他們的事蹟，明孝宗敕令表彰。連憲宗朝最腐敗的群體——鎮守太監都以廉潔著稱，孝宗朝確實令人刮目相看。其實這樣看來，憲宗朝的貪腐相對也不嚴重，也不是沒有類似廉名的官員，甚至連汪直都有太監不貪財的名聲，但事實上這恰是因為憲宗朝對貪腐放縱，少有人受到重處，大多善終，所以貪腐事蹟不顯而已。

有些貪官則是發現明孝宗很廉潔，於是有所收斂，行為也更隱蔽。比如孝宗曾寵信一個太監李廣，四處強搶民田，販賣私鹽，更可怕的是李廣居然拾起了連明憲宗都拋棄的傳奉官制度，而且是利用宦官代皇帝批紅的權力背著皇帝頒發詔書私授了很多傳奉官！這顯然是在總體比較清廉的背景下，開了一個倖進之口，追捧他的人如過江之鯽，蜂擁而入，自然少不了重金賄賂。李廣得意忘形，修了一座大宅，引玉泉山（皇家園林）水環繞莊園。很多御史反覆彈劾李廣，明孝宗卻一直不信。後來，李廣是因為一些封建迷信的原因失寵，懼而自殺。明孝宗派人去抄家，抄到了李廣收受賄賂的帳本，有很多文武大臣送給李廣黃米、白米千百石不等。明孝宗很驚訝：「李廣要吃多少飯，收這麼多米做什麼？」左

右告訴他，所謂黃米、白米其實是黑話，指黃金、白銀。明孝宗方才省悟李廣貪婪至此。

可見，明孝宗雖無愧為一代聖君，也很忌諱貪腐，但敏感性並不高，戰鬥力比明太祖差遠了。更重要的是，時至明代中葉，整個社會對貪腐都已經相當麻木，早已沒有明初那種嫉惡如仇的氛圍，紙糊三閣老、泥塑六尚書就是很好的寫照。萬安自顧清閒，張鵬明哲保身，劉吉更是首鼠兩端。很多人雖然自己不參與重大腐敗，但面對貪腐，再也沒有于謙、楊瑄那種勇於戰鬥的精神風貌了。

慢性病要的就是這種和風細雨，「弘治中興」？三大聖君？沒關係，只要不是明太祖那種鐵腕冰霜，慢性病魔正好可以稍事休息，消化一下憲宗朝的營養，準備下一輪的野蠻生長。

這種正義的鬆弛、腐敗的復甦也並不僅僅展現在貪廉的鬥爭中，更蔓延向了整個社會風氣。明代中葉，龐大的中華帝國散發出一股無法遮掩的老邁懶惰氣息。很多人思索中華民族究竟是在何時開始落後於西方這個大問題，有一部分答案便將時間節點指向了大明成化年間——這個紙糊泥塑的沉默年代。同是這個年代，宗教改革正在歐洲大陸上如火如荼地展開，哥倫布（Colombo，西元 1451～1506 年）、麥哲倫（Magellan，西元 1480～151 年）正帶著歐洲人睜眼看世界，豐饒的美洲大陸正在向西方文明展開神祕的面紗。而中國社

會卻在「紙糊三閣老、泥塑六尚書」的帶領下噤若寒蟬，沉默以待。

　　當然，這麼宏大的問題，不可能有這麼簡單的答案。坦誠地講，就連我本人也並不認可這就是答案。但至少，有那麼多人把這當作答案，我想也必不是偶然。

4 紙糊內閣：沉默的轉折

5

劉瑾：閹黨的登場秀

5 劉瑾：閹黨的登場秀

　　一個坐皇帝，一個立皇帝，他們共建了遍地皇莊。然而，皇莊不是給他們住的，卻是開門做生意，用來撈錢的。這個龐大的體系一旦舒張開來，立皇帝劉瑾事實上已經擁有了比那位坐在皇帝寶座上的真皇帝更大的勢力。

　　巧的是，坐皇帝其實是個坐不住的人，他的風流足跡踏遍大江南北、長城內外，在正史野史中都留下無數充滿青春氣息的少年英雄史詩。這又恰恰給了立皇帝更大的權力空間，太監專權在此達到了頂峰。真正可怕的是，進士出身的文官隊伍也開始有人公然投效宦官，「閹黨」作為一個正式的政治勢力，終於登上了歷史舞臺。若說王振只是太監貪腐的破冰之旅，汪直則讓文官噤若寒蟬，變作紙糊泥塑，但在明朝的政治框架下，他們始終只能在後宮鬥來鬥去撈不義之財，不能染指國家行政文官系統。劉瑾，似乎要為宦官界實現這個不可能的任務。

　　王陽明何曾不想匡扶救世，他也曾力擒叛亂的寧王。但寧王又哪裡是那個時代真正的問題。龍場悟道，到底是真的勘破天機，還是無可奈何地退出，也許答案只能永遠留在這位心學大師的心中。但對於大明而言，是實實在在地失去了一次治療慢性病魔的良機。

5.1 游龍戲鳳的風流天子

明孝宗弘治十八年（西元 1505 年），明孝宗駕崩，中華帝國三大聖君都已完成他們的演出。皇太子朱厚燳繼位，改明年為正德元年，史稱明武宗。

明孝宗素以敦厚穩重著稱，但他的嫡子顯然不隨他。明武宗十四歲登基，三十歲駕崩，在位 16 年。關於他的一生，其實傳統史家很難評價，往好了說是風流天子，往壞了說簡直就是荒誕不經。但無論如何，你不能說他是一個昏君、暴君、庸君，但也絕不能說他是一個聖君、賢君、明君。那他到底是什麼？其實，他就是一個放蕩不羈的富家子弟。注意，這裡的「富家子弟」是指真正意義上的民間富家子弟，絕不暗含皇室子弟的意思，所以傳統史家沒辦法以皇帝的標準來評價他。換句話說，他完全沒有一點皇帝的架子，就是一個略帶點痞氣的追風少年。

明武宗作為少年天子，一生放縱不羈愛自由，尤其渴望突破皇宮的束縛。明武宗一度想廢除經筵制度（翰林學士為皇帝和大臣講課），至少要削減課時，他的愛好是在宮裡搞軍事演習，親自穿上戰甲參與搏殺。後來覺得不過癮，真的上陣殺敵，偷跑出關對陣剛剛統一了蒙古草原的英雄達延汗（孛兒只斤·巴圖蒙克，俗稱小王子），還斬殺蒙古兵一名。最搞笑的是，明武宗似乎對自己的本來身分不太滿意，取了

個藝名朱壽，初授游擊將軍，後不斷累積戰功，正德十二年（西元 1517 年）已升遷至鎮國公、威武大將軍總兵官。這完全是一種高中生不好好讀書，卻沉迷於網路遊戲中虛擬身分的既視感。後世一些戲曲小說乾脆寫明武宗經常自己偷跑出宮，混成了武林盟主，還和很多江湖兒女產生了許多愛恨情仇。總之，朱厚熜——哦不——朱壽作為一個俠客，遠比皇帝這個身分重要。

明武宗這種奇葩其實也是明朝的政治形態特產，換個朝代這種皇帝早就被篡位了，唯有明朝，鐵打的皇帝流水的官，整個政治體系超級穩定，皇帝雖然沒什麼實權，但皇位穩如泰山。那又沒實權，地位又無比穩固的人，他不折騰做什麼呢？就像我們高考過後拿到大學錄取通知書的那個暑假，誰還刻苦讀書？肯定是變著花樣玩啊！

但皇帝畢竟不是高中生，中華帝國的朝堂就隨著這位風流天子陷入這樣荒誕嬉戲的一幕。業精於勤而荒於嬉，只要免疫系統稍微鬆懈半分，就是慢性病魔成長的好時機，弘治中興的遺產瞬間就被揮霍一空。

明武宗學武俠小說，認了很多官員作義子。明朝確實有皇帝認人作義子的傳統，比如開國功臣李文忠、沐英都曾作過太祖的義子。但明武宗一個不理政事的皇帝認錢寧、江彬一眾幫閒作義子，這些人顯然不是來建功立業的，那他們是來做什麼的？

5.1 游龍戲鳳的風流天子

　　首開此風的是錢寧。其實錢寧已經有乾爹，就是憲宗朝鉅貪太監錢能。錢寧年幼家貧，被賣給錢能當家奴，由於精於諂媚，深得錢能的寵幸。須知太監的絕技就是諂媚，能用諂媚得到錢能這種大太監的認可，簡直是班門弄斧結果把魯班折服了。貪官打造勢力團隊時往往就是以諂媚為標準，善媚者便引為心腹，授予高官，形成貪腐體系。錢能死後，根據他的職位可以推恩，一位家人可授錦衣百戶。但太監沒有兒子，於是臨死推薦了最鍾愛的奴兒錢寧。

　　錢寧當了官，繼續發揮特長，很快又得到新的大公公劉瑾寵幸，引薦給明武宗。錢寧武藝高強，可左右開弓，這正是明武宗最急需的人才，每天陪他在後宮打軍事演習，越來越寵愛，不久便被明武宗收為義子，升錦衣千戶。《三國演義》中的小軍閥呂布品性低劣，除本家姓氏外，先後認丁原、董卓為義父，被蔑稱為「三姓家奴」，但這僅僅是小說演義，而錢寧則是正史有載當之無愧的三姓家奴。

　　錢寧得此私寵，自然平步青雲，甚至劉瑾的敗亡也沒有牽連到他，不久以左都督銜主管錦衣衛，炙手可熱。錢大將軍在歷史上並沒有征戰四方的功績，他名留青史的一件事物是一個很奇特的「豹房」。

　　豹房名義上是馴養豹子的，元代皇帝（可汗）經常設立刻房、象房、駝房親自馴養動物，明武宗的豹房應是循此例，只是馴養的對象稍微有點驚世駭俗。錢寧倡議建設豹房後，

195

從世界各地找來各種樂師、舞者,給了明武宗看不完的西洋鏡萬花筒。明武宗便終日沉湎其中,也不上朝,甚至都不臨幸後妃。如果某天明武宗在豹房呆膩了,想透透氣,那也不能去皇宮,錢寧帶他微服私行,其實就是到街市中去遊玩,反正他倆武藝都很高,無需侍衛,足以防身。後世很多文藝作品寫「朱壽」經常偷跑出宮去當武林盟主,靈感便源於此。還有一些說法認為豹房是個大淫窟,明武宗這個大昏君在此淫樂,以致忘卻天日。

當然,豹房的具體情況正史失之詳載,也有研究認為其實沒那麼誇張,甚至都沒有養豹子,只是明武宗的私人健身房。但由於文官架空了皇帝,司禮監這個「內朝」也漸漸失控,於是明武宗把此處當做自己的私人朝廷,所以更多精力放在此,這也是明朝皇帝覺得皇權被文官集團架空的一種反制行為。無論如何,這樣一來朝臣就再難見到明武宗的面,經常朝會時百官俱到,皇帝卻玩消失。後來大家發現一個風向標,只要錢寧一在哪兒出現,就知道皇帝也差不多了,於是很多人開始巴結錢寧,追隨其動向。

錢寧最寵時,掌管錦衣衛。當時東廠也出了一個特殊情況——當時的廠公是張銳——歷史上唯一一位御馬監太監提督東廠的特例。張銳能創此特例,自然也是榮寵非凡,異常驕橫。「廠衛」之說正是源於張銳、錢寧的組合。最初皇帝設立東廠,本意就是制衡錦衣衛,現在張公公和錢指揮卻發

現廠衛是一家,應該聯合起來賺大錢。廠衛合流的第一次合作是有一次錦衣千戶王注在審案時,不小心打死了人,這就突破了祕密警察刑訊逼供的底線,上升到了國法層面。刑部員外郎劉秉鑑追查甚急,錢寧先把王注藏匿在家,又請張銳幫忙。

於是東廠向刑部移交了大量案件,把刑部忙得暈頭轉向,無暇再顧通緝王注,成功地避過了風頭。另一次是太監廖常出鎮河南,其弟錦衣指揮廖鵬在當地作惡,河南巡撫鄧庠彈劾兄弟倆。本來朝廷已經判處兩人都貶官降級,但廖鵬不惜向錢寧獻出了自己最心愛的小妾,終於討得錢寧歡心,居然將判決詔書退了回去,廖氏兄弟免於處罰。

相互拯救讓錢寧、張銳深感廠衛同心,其利斷金。繼而他倆又發現廠衛作為內部司法機關,其實也是有利潤的。東廠早已掌握情報,工部郎中趙經是個大貪官,尤其是他曾督造乾清宮,貪墨帑金數十萬,證據非常確鑿,但在他死前東廠不曾動手揭發,一直等他死後才密告錢寧。錢寧假裝派錦衣校尉去奔喪,其實是威脅其家人扶櫬歸鄉,然後將其藏在家裡的大量贓款收為己有,大賺一筆!一起賺了錢,關係當然更緊密,從此廠衛再不分家,成為明朝官場上一對惡之並蒂蓮。

所以說,貪腐是壞人最好的黏合劑,因為它最容易成為壞人們共同的目標,促使他們走到一起。

最終錢寧的敗亡並不是因為遭到了正義的制裁，還是在於他收錯了錢。錢寧覺得自己富貴已極，而明武宗遲遲沒兒子，很可能會將皇位傳給藩王，於是廣結藩王。他這種心思正投了寧王朱宸濠之意，因為朱宸濠一直蓄謀造反，正在廣結京師權貴，兩人一拍即合。寧王送了大量珠寶珍玩給錢寧，還號稱透過錢寧送禮給皇帝，其實這些禮物都是故意拿給錢寧私吞的。

錢寧也出力幫了寧王一個大忙。明代祖訓親王只能設定三護衛親軍，每衛 5,600 兵，就是為了讓他們既有一定能力監督地方，又防力量過大造反。寧王存有反心，所以謀求增置親軍，錢寧利令智昏，居然連這種忙都幫。最後寧王果然造反，這自然引起明武宗對錢寧的猜忌。錢寧也感覺到危險，將很多相關人員滅口，企圖矇混過關。然而明武宗另一位義子江彬素來與其爭寵，豈肯放過如此良機，有一次出差時嚮明武宗講明瞭錢寧和寧王勾結的證據，明武宗大怒，立即傳令將錢寧下獄。錦衣衛將他們的錢指揮使裸綁起來，掛在宮門等明武宗歸來。後抄沒錢寧家，抄出玉帶二千五百束、黃金十餘萬兩、白銀三千箱、胡椒數千石（1 石 ≈ 93 公斤）。

錢寧的贓款中有一項很有特色──胡椒。這東西在現代當然不值錢，但在大航海時代簡直就是海上黃金。當時胡椒並不是現在的調味品，而是和沉香、白蠟同列為三大奢侈香

料，相當於今天的 LV、Gucci、Prada，在北歐甚至一度炒到一斤黃金買一斤胡椒的行情！不過大量史料表明，胡椒在中國相對而言是很便宜的，因為當時的主產地在東南亞，離中國太近。所以錢寧囤積這麼多胡椒，並不是為了調香，而是說明他正在經營可能遠至歐洲的海上走私，這其間的利潤和不法勾當便更難以盡數了。

而江彬比錢寧的影響更大，他本是初級軍官，善於殺良冒功，同時也確是一員猛將。在一場平定江淮叛亂的戰鬥中，江彬身中三箭，其中一箭插在臉上。明武宗得到奏報，感慨這是他自幼心嚮往之的大英雄。錢寧將江彬引薦給明武宗，兩人一見如故。明武宗將江彬引進到豹房工作，還學《三國演義》劉關張一起睡覺。有一次江彬與明武宗下棋，弈間出言不遜，錦衣千戶周騏在旁喝斥江彬，後來江彬竟以讒言構陷周騏至死，左右頓時明白了江彬的地位。若說錢寧是明武宗出行的風向標，那還只是緊跟皇帝走，江彬則以「導帝」著稱，能經常誘導明武宗前往何處。江彬還給明武宗介紹了好幾位義子，強占民居建義子府。

隨著江彬的不斷受寵，他和錢寧之間的矛盾便開始累積。有一天，明武宗操練捕虎，急切中呼喚錢寧，錢寧卻畏縮不前。老虎將明武宗逼到牆角，江彬挺身而出，撲向老虎，解了明武宗之急。明武宗笑道：「其實我自己能搞定，不需要幫忙。」但心裡開始越來越喜歡江彬，錢寧的地位下降。

5 劉瑾：閹黨的登場秀

錢寧在明武宗面前揭江彬的短，明武宗不予理會。

江彬也知道錢寧準備整自己，又見左右都是錢寧的黨羽，深感不安，於是想了個辦法，嚮明武宗進言請調邊鎮軍入京與京營互相操練。這種做法既勞民傷財又非常危險，但江彬把握住了明武宗一個心理——圖好玩兒。江彬讓明武宗自己訓練一些太監兵，然後調遼東、宣府、大同、延綏四鎮精銳入京來與太監兵操練，讓明武宗大呼過癮。但這在旁人看來不是現實版的烽火戲諸侯嗎？甚至更危險，萬一哪個野心家（甚至就是江彬自己）帶兵進京就來場兵變怎麼辦？大批精兵入京過家家，說出來誰信啊？以大學士李東陽為首，滿朝文武拚命諫止，但這麼好玩兒的事，明武宗怎麼可能作罷。最終，江彬調外鎮兵入京自固的策略順利實施。

所以，除了私人關係夠鐵，江彬能經常「導帝」，當然也是摸清楚了皇帝的脾氣，知道他內心想要什麼，不然也導不動。著名的應州大捷，便是明武宗諜知蒙古小王子將大軍犯邊，很想親自去打一仗，但土木堡之變後，明朝君臣將親征視為大忌，斷無可能同意他親征，還會嚴防他偷跑出去打仗。江彬心知少年天子是很想去打這一仗的，於是帶著明武宗化名朱壽，偷跑到邊關，尋著機會偷渡出關，又透過巧妙策劃，暗中調兵集結於應州（今山西朔州應縣），酣暢淋漓地滿足了一場明武宗打真軍的欲求。「朱壽」晉升為鎮國公、威武大將軍總兵官，江彬也晉為威武副將軍（雖然朝廷並不承

認這個虛擬職務）。

之後，江彬又帶著明武宗天南海北地到處瀟灑，文官們越來越受不了，經常冒死進諫，求皇帝別再到處折騰了。這可不是開玩笑，真的是冒死。明武宗正德十四年（西元1519年），明武宗又在江彬的帶領下，進行了一場來回數千里的遠征，巡視整個北方邊境。明武宗偏不坐轎車，就像一個武將一樣，騎馬身背弓矢，腰挎長劍，跋山涉水，冒風頂雪，把自己感動得淚流滿面。隨從很多人累到生病，明武宗卻毫無倦容。一回北京，明武宗又說要到南方再這樣來一趟。廷臣百餘人伏闕諫止，江彬故意激起明武宗的憤怒，詔令杖責，打死了不少大臣，但南巡之事總算作罷。

機會總是留給有準備的人，寧王朱宸濠在江西造反，這下找到個御駕親征的正當理由。未料御駕還沒到江西，江西巡撫王守仁已經平定叛亂。不過江彬總算把明武宗帶到南方溜了一圈，勉強過了點癮。這一次江彬帶著北鎮精兵大舉發往江南，氣勢恢宏，成國公朱輔（靖難功臣朱能之後）為其長跪，魏國公徐鵬舉（徐達之後）及一眾公卿大臣躡足於兩側聽差。很多文官見狀敢怒不敢言。

江彬這位大玩家最終玩死了自己，確切地說是玩死了明武宗，使自己失去了靠山。借這次親征的機會，明武宗在南方玩了接近一年，直到次年也就是正德十五年（西元1520年）閏八月，才先回南京，再準備透過運河回北京。結果御

舟透過運河清江浦（今江蘇淮安）時被打翻，明武宗跌落水中，大病一場。十月，御駕回到通州。江彬似乎感覺到北京很危險，想領明武宗繞開北京去宣府，但這一次皇帝確實病得很重，實在走不了，只能回京。不久明武宗駕崩。

明武宗沒有子嗣，連親弟弟都沒有，所以帝位懸而未決，朝廷暫由少師兼太子太師、華蓋殿大學士楊廷和主持工作。楊廷和早就深恨江彬這種佞幸，立即以朝廷名義，將邊兵遣回各鎮，並解散了江彬的威武團練營。江彬以往總是以明武宗名義發號施令，有時甚至是矯詔，現在明武宗一死，他什麼權力都沒有，楊廷和一紙調令，江彬的全部勢力頓時煙消雲散，說明明朝的權力體系還是相當成熟，個人在公共管理體系面前相當渺小。不久，楊廷和與太后（明孝宗皇后張氏）商量妥當，逮捕江彬，其黨羽神周、李琮等俱被擒，不久皆被滿門抄斬。當時京師久旱，這一批奸臣被斬，頓時大雨傾盆，久旱得解。朝廷抄江彬的家，得黃金七十櫃（每櫃一千五百兩），白銀二千二百櫃（每櫃二千兩），其他珍寶不可計數。

江彬的黨羽神周、李琮被擒時罵了江彬一句話非常耐人尋味：「奴早聽我的，怎會被人所擒！」此話疑似他們勸過江彬什麼事，江彬不聽才被擒，這多半就是軍事政變了，至於是針對楊廷和還是誰就不知道了。但事實上，以明朝的政治體系，只要明武宗一死，江彬這些人其實什麼都不是，楊廷

和以國家公權力收拾他們無非是一紙檔案，所謂政變，也無非就是像曹吉祥那樣以私兵殊死一搏，最終還是難逃一死。但令人憂心的是，曹吉祥只是個太監，錢寧、江彬這些人名義上卻是正規武將。武宗朝的武將也學著太監的模樣玩起了佞幸貪腐，而且氣勢更加恢弘，可謂標準的文恬武嬉，所幸明朝建立才 150 年左右，國運正值當中，不至亡國。不過大明的病症顯然又遞進了一層，更何況，錢寧、江彬還遠遠不是武宗朝貪腐政治的標籤，本朝最大的貪官還得算劉瑾公公。劉瑾的貪，不僅是太監的新高峰，更要把尚未涉水的文官集團徹底拉下水。

5.2　立皇帝的富麗皇莊

　　貪腐盛世怎麼少得了太監，雖然錢寧、江彬足夠凶險，但武宗朝最著名的貪官還得算劉瑾，某種意義上他已經突破了「官」這個層面，因為他已經被人稱作「皇帝」——雖然不坐龍椅，是站著的「立皇帝」。

　　劉瑾本姓談，六歲時被太監劉順收養，耳濡目染，覺得太監是個很有前途的職業，於是也閹割入宮。結果進了宮方知宮廷險惡，很快就獲罪被判死刑，還好明孝宗仁厚，將其免死，但貶至太子東宮做苦差。誰知這反而成了劉瑾的人生

5 劉瑾：閹黨的登場秀

轉折，他竭力討好太子，成了東宮寵婢，一旦太子登基，他順理成章就會成為正宮太監。宦官和文官不同，是皇帝私人的奴婢，一旦換個皇帝，後宮人員幾乎要全部換班，新皇帝會把太子東宮的太監宮女都帶進正宮，「一朝天子一朝臣」這種現象在明朝是指宦官而不是文官。明武宗，一個游龍戲鳳的風流天子，他當了皇帝，小夥伴們可就都發達了。

明武宗從東宮所帶宦官中有八人權勢極大，號稱「八虎」，與「跋扈」諧音。這八人分別是：劉瑾、張永、谷大用、馬永成、丘聚、羅祥、魏彬、高鳳。其實劉瑾起點不算高，剛進正宮時僅任鐘鼓司掌印太監。明代內宮二十四衙的十二監、四司、八局中，鐘鼓司排名第十四，離權力核心相當遠。不過劉瑾非常用心，鐘鼓司的職責是掌管後宮禮樂歌舞表演，劉瑾就深挖這個職能，將很多民間的野路子帶進宮來，大大稱了明武宗的心性。劉瑾更深知明武宗喜歡玩角色扮演遊戲，但他當時沒有資源滿足明武宗演將軍、武俠的需求，他手頭只有一些太監、宮女的資源，這能演什麼呢？劉瑾將後宮裝修成街市，讓太監、宮女扮作商家、百姓，讓明武宗從中取樂。甚至有傳說稱劉瑾將後宮某些庭院裝修成妓院，讓宮女扮作妓女，自己扮作龜公，讓明武宗扮嫖客來遊樂。劉瑾如此用心地滿足皇帝的癖好，很快被提拔為內官監掌印太監。

內官監是掌管後宮採辦、營造、庫藏等事宜的衙門，曾

經是內衙之首,著名的鄭和公公當年就是內官監太監。但後來內官監權勢太大,皇帝有意打壓,扶植司禮監取代其地位,實際排名掉到了司禮、御馬、御用等監之後,雖然比鐘鼓司進步了不少,但仍然略顯邊緣。萬萬沒想到,一次來自外廷的攻擊,反而促使劉瑾走上人生巔峰。

明武宗正德元年(西元 1506 年),劉瑾告訴明武宗,派往各地的鎮守太監其實都是肥缺,他們蒙皇上恩典撈了那麼多,卻不貢獻點出來,太不夠意思了,於是明武宗下令每位鎮守太監先交納一萬兩貢金。這簡直是喪倫無恥,公開激勵貪腐!大學士劉健、謝遷、李東陽率戶部尚書韓文等重臣入諫,請立斬劉瑾這個奸賊。明武宗令司禮監太監陳寬、李榮、王嶽到文淵閣去和宰相們商議,看能不能將懲罰降低到貶至南京。劉健等堅持不可,一定要殺劉瑾。王嶽等幾位都是前朝遺留下的老太監,地位受到劉瑾等新貴的威脅,也很嫉恨「八虎」,於是與劉健等合謀,準備內外夾擊,他們先回去向明武宗表示閣臣們說得有理,捅劉瑾一刀,第二天上朝時諸臣再給其致命一擊,內外說辭俱已合計妥當。

未料文官中出了叛徒,吏部尚書焦芳緊急把情況告訴了劉瑾。劉瑾大驚,連夜率八虎圍住明武宗,叩頭哭求。一直哭到明武宗心軟,劉瑾才說:「王嶽這些老太監想害奴婢等,他們跟外廷勾結,想阻止皇上出入,所以先除掉我們這些障礙。這樣下去,皇上的鷹犬損失成千上萬啊!」明武宗一聽

5 劉瑾：閹黨的登場秀

是想阻他出入遊玩，那可不行！尤其外臣也就罷了，你們這些太監是私奴，怎麼也這麼不稱主子的意？劉瑾再適時地補上一句：「如果司禮監用人得當，怎會讓這些人得逞？」明武宗立即下旨，劉瑾任司禮監掌印太監，馬永成提督東廠。恢復西廠，由谷大用提督。當夜，收王嶽、徐智等太監發往南京充軍，後在途中殺死。以往換皇帝確實意味著後宮勢力的重新分配，但也未有過如此劇烈的動盪，劉瑾這次堪稱太監中的政變。

第二天，大臣們如約上朝，卻發現形勢不對。劉健等按原計畫向明武宗揭發劉瑾的貪腐行為，明武宗卻說：「太監能貪多少？我看前朝不法行徑，十之六七都是文官做的。」繼而得知劉瑾已經升任大公公，劉健等宰相見明武宗寵幸私奴到了是非不分的地步，以內閣集體辭職為威脅。萬沒料到明武宗居然就坡下驢，准了他們請辭的奏章！這就完全不是成年人的遊戲規則了，但明武宗就是個生性放縱的頑童，劉健、謝遷堪稱一代名臣，遇到這個對手也只好認栽。

劉瑾當上了司禮監掌印太監，他攬權招賄的本事超過了歷代大公公。太監並沒有實權，大公公的權力只是來源於皇權的散逸，劉瑾非常用心地蒐集這種散逸出來的皇權，他的一大技巧是偵查清楚了明武宗正在嬉戲時就去奏事。明武宗玩得正開心，被政事所擾非常厭煩，立即跑開，邊跑邊說：「我用你是做什麼的？拿這些事來煩我？」之後劉瑾便經常直

接加蓋御印，不告訴皇帝，皇權便大量沉入他的手中。以至於時人論及稱大明有兩個皇帝，一個坐皇帝，一個立皇帝。

「坐皇帝」指坐在皇帝寶座上的明武宗，「立皇帝」便是指立在他身後的劉瑾了。劉瑾這個技巧很可能來源於秦二世（趙胡亥）權臣趙高攬權的典故。趙高是秦始皇之子秦二世的近臣，做的工作和後來的太監很類似，所以常被誤認為是太監。趙高專權的技巧是偵知秦二世玩得正在興頭上時，通知丞相李斯來進諫，每次都弄得秦二世很掃興，李斯也越來越得罪皇帝，逐漸失去信任，趙高得以專寵。劉瑾將這個典故活學活用，舉一反三，堪稱運用之妙，存乎一心，不愧為貪官奸臣界的大理論家。當然，攬權也是為了貪汙，在貪汙受賄的方式方法上，劉瑾也用心作了很多創新，以鞏固其理論地位。

劉瑾的第一個創新發明是「見面禮」，意即新進京上任的官員，都得向他進獻見面的禮金。見面禮的金額據說最初以一千兩白銀起價，之後越來越高，以至於到了五千兩甚至上萬兩的地步。有些官員剛上任，還沒撈夠那麼多錢，於是向京城富戶預借，撈夠了連本帶利還給富戶，謂之「京債」。這種錢借出去一定收得回來，而且利息不薄，京畿富戶爭相出貸，竟然成了一個不錯的理財產品。

從地方提拔到京城的官員賄賂這個資源開發得差不多了，劉瑾又考慮開新礦。當時地方官也都是從京師派出去

的，每年要定期回京述職。劉瑾宣布，回京述職的地方官也要向他進獻厚賂，後來擴大到京官出差回來也要進獻，因為在他眼中出差就是去撈錢，撈了錢不給我送怎麼行？由於這一類禮金是出去回來答覆時給的錢，所以稱作「謝禮」。侍郎韓福在劉瑾的安排下巡撫富裕的湖廣（今湖北、湖南），前後送給劉瑾十餘萬兩「謝禮」。還有一個發明是「賀印錢」，意思是官員一遇升遷，都要送錢給他。官員升遷的誥敕檔案中，有一個環節是皇帝加蓋御印，這個手續往往就由司禮監掌印太監代勞，所以任何官員的升遷都繞不開劉瑾，劉公公透過蓋這個印恭賀你升官，所以要收「賀印錢」。儘管劉瑾掌握的只是一道形式上的手續，還是代掌不是實掌，但升遷是多麼好的事情，誰也不願在這個好時候在手續上惹麻煩，於是往往就給了這所謂的賀印錢。

劉瑾的創新發明還很多，不少都被後來的貪官學習沿用，其中「見面禮」、「謝禮」之類的名目後來竟然成了常用詞，所以劉瑾在貪腐界而言，不僅工藝水準高超、實踐成果豐富，理論上也頗多建樹，堪稱大家。而且劉瑾還懂得張弛有度，甚至有自我糾察的勇氣。有一次給事中周鑰出差回來，沒有錢送給劉瑾，竟然急得自殺了，輿論反應相當惡劣。劉瑾的黨羽吏部尚書張彩趁機勸他：「官員們送給劉公的錢，必然也不都是私財，很多是在京城借貸的錢，再貪汙國庫或盤剝小民去償還，他們貪的錢中送給您的不足十分

一,如果出了問題卻要怪到劉公頭上,您何苦要斂怨貽禍呢?」劉瑾聽從了建議,分派給事中、御史調查挪用公款送錢給自己的情況,重處了好幾位送錢的官員。官員們見風向突變,大驚,連忙找錢來彌補虧空。尚書顧佐、侶鍾、韓文以下數十人存在這種情形,受到彈劾。兩浙都轉運鹽使楊奇挪用了大量鹽稅來行賄,現在查到頭上,只好散盡家財甚至賣掉孫女來彌補。劉瑾收錢大膽,又懂得該在什麼程度節制,這種境界更是受到貪官們的無尚景仰。

不過收受賄賂畢竟是小頭,劉瑾撈大錢的方法還得算大開皇莊、皇店。

皇莊是皇室私有的莊園,開展放牧、種植、加工等多種經營,賺取利潤。和西方家即是國、國即是家的封建君主制不同,中國皇帝的家、國分得還是很清楚的。比如御馬監下轄的騰驤四衛就明確是皇帝私軍,而不是國軍,財產也是同理,國庫和內帑涇渭分明。皇室的俸祿雖從國庫支取,但數額有法可依,不是予取予求。

不過正常情況下皇帝本人的開支非常充裕,並沒有撈私財的動機,皇莊、皇店這套玩意主要是皇帝用來賞賜宗室、太監用的。明朝前期皇莊很少,第一個見於明確記載的是曹吉祥謀反被誅,其財產抄沒後設立了一個皇莊。明孝宗弘治二年(西元 1489 年),戶部尚書李敏曾向朝廷彙報,共有五處皇莊,占地一百二十八萬餘畝。最初皇莊的所有權均屬仁

壽、清寧、未央三宮，每年所收利潤稱「三宮子粒銀」，但實際上後來後宮、宗室甚至後妃、太監的家屬紛紛取得皇莊，漸成明中葉之後的一個弊政，此風正是盛於劉瑾。

明武宗登基後，劉瑾立即建議大開皇莊，第一個月就開了七處，後來又陸續開了十餘處。《明史》稱一共開了三百餘處，此說又過於誇張了。明武宗駕崩後，明世宗（朱厚熜，年號嘉靖）繼位，對之前的皇莊進行了全面清查，計有36處，占地3,759,546畝，其中可考證的至少有21處為正德年間所立。三宮參照民田稅率抽取每畝三分銀利，每年可收取十餘萬兩。但明朝的稅率非常低，田稅只有1/30，剩餘的錢就都落入了管莊太監的腰包，算下來恐怕有三百餘萬兩，已經超過了當時兩百萬左右的國稅總額水準。

事實上，除了皇莊，還有牧場和皇店兩項數額也很驚人。

所謂牧場，是指御馬監牧馬的場地。御馬監既然理論上是養馬的，自然應該有馬場和草料場。後來有了騰驤四衛、旗軍、勇士等皇帝私軍後，這方面的需求更大，不斷增置馬場。明宣宗宣德二年（西元1427年）定下御馬監牧場的規制，馴養象、馬、駝、牛、羊共一萬八千頭，每年向民間簽約的一些草場定額徵收飼料十八萬二千餘石、草四百九十六萬餘束。

但隨著商品經濟的發展，民間草場隨時可能轉型不做，

固定徵收實物越來越困難。劉瑾給的解決辦法有二：一是御馬監自己建設一些草場，穩定供給草料；二是實物折算成銀兩，向原簽約草場徵銀，再到市場上去買草料。這確實是符合商品經濟規律的做法，但也留下了更多權力尋租空間。而隨著四衛、旗軍、勇士等皇帝私軍的擴張，御馬監表示馬匹用量也越來越大，早已不是當初蒙古逃民帶來那點馬匹夠用，必須大開牧場自己養馬。根據嘉靖初清理的結果，御馬監下屬共有馬房20處、牧場56所，共占地二百四十餘萬畝。

但事實上，御馬監的牲畜只剩下三千九百餘頭，按戶部一匹馬配給150畝牧場的定額計算，這些牲畜最多只需四十一萬畝牧場，那其餘近兩百萬畝牧場都到哪兒去了呢？當然是被太監們開墾成私田來營利了。如果依然按每畝0.9兩白銀的產出比例計算，牧場這一項的產出略計有一百八十餘萬兩，接近一年的國稅收入。至於御馬監還要向皇帝支取一些費用去購買草料，過手的銀兩也不少，太監們的油水就更多了。

更可怕的是，在牧場改為私田的這個過程中，太監們趁機擴大田界，強侵民田、民宅的行徑更是不可盡數，將封建社會最害怕的一件事 —— 土地兼併發揮到了一個高潮。皇莊、牧場大多在北直隸境內，數十座皇莊、牧場將人民的生存空間擠壓得喘不過氣來，激發了楊虎和劉寵兄弟（俗稱劉六、劉七）起義，席捲北方數省，歷時數年，極大地加深了

5　劉瑾：閹黨的登場秀

　　明王朝的統治危機。但這些問題都不在太監們的考慮之內，打起仗來他們派監軍太監出去打仗立功更開心。劉瑾真正比較關心的問題卻是皇莊、牧場都是歸御馬監掌管，自己沒那麼方便開撈。對此，劉瑾很重視內宮署衙的權力整合問題。

　　明代權閹大多是從小在司禮監、御馬監最差也是御用監長大的，劉瑾的起點卻很低，在鐘鼓司、內官監等多個邊緣部門經歷了多崗鍛鍊，他自身對司禮監或者御馬監都談不上很深的感情，但這恰恰更利於他成為第一個一統後宮的權閹。之前司禮監和御馬監常年爭權奪利，結下梁子不少，矛盾越積越深，現在劉瑾一來，力促二十四衙和諧統一。當時司禮監二公公馬永成、御馬監老大谷大用都是「八虎」成員，願意與劉瑾共謀大業，其餘小衙更是誠心歸順，劉瑾不難成為第一個一統後宮的權閹。張銳、錢寧造成廠衛合流的局面本已黑暗，現在劉瑾又造成司禮監、御馬監合流的更新局面。而且劉瑾還留了個心眼，他嫌東西廠分立的局面還不可靠，發明了「大內行廠」，由自己親自率領，地位更在東西兩廠之上，做派也比西廠更加狠毒，甚至將很多太監、後妃都置於內行廠的監視之下。

　　由於出身特殊，劉瑾身為司禮監掌印太監，但並不袒護司禮監，相反還有意打壓司禮監，扶植御馬監，似有一種超脫狹隘身分，一統整個內宮的態勢。武宗朝是御馬監權力惡性膨脹的一個時期，不但繼續掌管騰驤四衛等皇帝私軍，還

212

保住了到明軍中監槍的職能，甚至出現了御馬監太監張銳提督東廠這個史上唯一的特例。劉瑾還把很多原屬司禮監的鎮守太監肥缺讓給了御馬監，當然，最大的財源還是皇莊、牧場，在劉瑾的策劃下大發橫財。貪官是很容易得寸進尺的，御馬監的公公們心潮澎湃，又準備大搞皇店這門生意。

所謂皇店，就是皇帝創辦的店鋪，動用國家資源來採辦、運輸貨物，到價高的地方出售，屬於典型的公權力直接插手市場行為，但這就突破了劉瑾的節制界線。正德初年，御馬監掌印太監谷大用在一位臨清鎮守太監的建議下，奏請在臨清（山東西北部）創辦皇店，劉瑾不允，還懲罰了那位臨清鎮守太監。不過已經被劉瑾餵肥了的御馬監貪官們豈肯罷手，在劉瑾死後的正德九年（西元1514年），御馬監太監於經又奏請在京師九門外和宣府、大同等邊鎮創辦皇店，這一次明武宗准奏。皇店開在邊鎮恐怕是為了便於走私，尤其是一些違禁策略物資，反正皇店海關不敢來查。皇店每年要上繳子粒銀八萬餘兩，接近皇莊的水準。但考慮到明朝的商稅比田稅低得多，只有1/50，如果皇店也是參照這個稅率上繳的話，那說明總利潤高達四百餘萬兩，足足是國庫收入的兩倍！立此大功，於經受到明武宗大獎，其父授錦衣都指揮使，母、弟均有封賞，敕建祠堂。

皇店儘管一度受到劉瑾的否決，但在他死後很快就大行其道，實則也是劉瑾大開皇莊、牧場的延續，不能認為與其

無關。這三者同為明武宗朝最具代表性的弊政,也都是劉瑾這個貪腐界的大理論家留給後世最嚴重的新病種。儘管明世宗一登基就立即全面清理並革除牧場、皇莊、皇店,但這種方法卻被後人所學,清朝又全面恢復並有過之而無不及,很多皇莊、皇店直到辛亥革命才予以革除。

牧場、皇莊、皇店三項每年向內府上繳子粒銀共計二十三萬兩,約為國庫收入的十分之一,極大地強化了內宮的財力。如果參照民間稅率折算,這三者實際年利潤高達九百餘萬兩,是國庫歲入的四五倍,這些錢便都落入太監們私人腰包。那麼到底有多少是直接流入劉瑾個人的口袋呢?現在已經無法確切計算。2001 年,《華爾街日報》發表了一篇有趣的文章,總結人類歷史上最富有的 50 個人,其中有 6 位中國人上榜,劉瑾「光榮」地作為明朝的代表名列其中,蓋過了嚴嵩和魏忠賢。

《華爾街日報》考證了劉瑾財富數額的三個可能版本:一是清代趙翼的《廿二史札記》,稱劉瑾被抄家時有黃金 250 萬兩,白銀 5,000 餘萬兩,其餘珍寶不可計數;二是明代中葉史學家陳洪謨的《繼世紀聞》,稱有黃金 1,205.78 萬兩,白銀 2.59 億兩;三是《明史紀事本末補篇》,稱有黃金 2,987 萬兩,元寶 500 萬錠,白銀八百餘萬兩,另有寶石二斗,金甲二副,金鉤三千,玉帶 4,162 束。這裡的有些說法不但超過了明朝三百年的總財政收入,甚至超出了當時中國境內貴金

屬總量，顯然不可盡信，不過也從一個側面重重地警醒了世人，當一個宦官掌權時會發生什麼。龐大的牧場、皇莊、皇店及其附屬產業確實產生了遠超國庫的可怕利潤，不管是否劉瑾個人盡得，總之都是直接從市場上攫取，落入太監們的腰包，這種貪腐的盛世，比起王振、汪直時代的小貪小賄簡直不在一個量級。

然而，太監們如果真的是只撈錢也就罷了，關鍵在於要愉快地撈錢也繞不開真正掌握著國家公權力的文官們。之前太監的步步進逼已經讓文官們節節敗退，不斷認輸，而到劉瑾的時代，已經不是敗退的問題。

5.3 墮落的閹黨宰相

按常理，文官和宦官是勢不兩立的。一來雙方的層次差距太大，文官都是進士出身，人中龍鳳，宦官則是最卑賤的奴婢；二來雙方也有實際的利益衝突，明史就是一部宦官逐漸崛起，不斷侵蝕文官權力的歷史活劇。更重要的是雙方所受教育不同，價值觀背道而馳，所以明朝官場上文官和宦官是一對權力冤家，很多令人感動的清官事蹟，正是一些清正剛直的文官在與貪殘暴虐的死太監鬥爭中湧現出來的。

然而，明代宦官藉助接近最高皇權的優勢，以皇帝私人

5　劉瑾：閹黨的登場秀

代表的身分，不斷侵蝕文官的公共權力，雙方力量此消彼長。明初，文官對宦官有壓倒性優勢，王振崛起時卻蓋過了很多文官，到憲宗朝更出現了汪直擅權，文官集體噤聲，甚至「紙糊三閣老，泥塑六尚書」的局面。文官越來越屈服於宦官的淫威，但無論如何，之前文官們也只是暫時屈服，還不至於太過於公開地幫宦官辦事。直到劉瑾的時代到來，終於出現了赤裸裸地投身於宦官門下的「閹黨」這個醜陋群體。

所謂「閹黨」並不是指一群閹人結成的黨，而是指一些依附於閹人的文官。之前有一些文官如徐有貞、王越等與曹吉祥、汪直等宦官過從甚密，但也只是合作關係，雙方的人身還是相對平等的，閹黨則是一群徹底背棄了禮義廉恥，甘願給太監為奴的人。

有幸名列《明史‧閹黨列傳》第一位的正是被稱作「閹黨宰相」的焦芳。焦芳學歷很高，是明英宗天順八年庶吉士，進士中的佼佼者。焦芳庶吉士學習期滿後散館考試合格，留翰林院工作，授翰林編修（正七品），後晉升為侍講（正六品）。但似乎焦芳在侍講職位上表現並不太好，任滿九年都沒有得到升遷。按明朝官制，在一個職位滿了一定年限如果還沒得到升遷就要進行考核，升或不升給個說法。

事實上，翰林院號稱內閣直通車，升官很快，像焦芳這種在侍講這麼重要職位上任滿九年都不升遷的情況，本身就很罕見。而且這次考核的情況似乎又不太滿意，按轉遷之

制，侍講任滿九年必須升任侍講學士（從五品），但有人卻對首相萬安說：「焦芳這麼不學無術的傢伙，能勝任學士嗎？」焦芳知道後很生氣，但又不敢得罪萬安，想了一個辦法，放話出去說這必然是另一位宰相彭華在離間自己，如果這次沒晉升為侍講學士，就要在上朝的路上刺殺彭華！彭華聽了很害怕，連忙找到萬安，勸萬安讓焦芳升了算了。

　　彭華這樣做算是惹禍上身了，由於是他舉薦了焦芳，所以焦芳晉升後就分配到他手下工作。彭華主持編纂了一部重要的教材《文華大訓》，並負責教習東宮。他派焦芳去東宮宣講這部教材，結果焦芳就故意吹毛求疵，挑出一些小毛病，當眾詆毀彭華，而且用語非常粗鄙。須知翰林院是集天下文采之所在，翰林官無不是三鼎甲、庶吉士才能擔任，連普通的進士都還沒資格，焦芳在這個平臺上卻以粗鄙著稱，難怪之前不得超擢。

　　後來朝廷藉故將焦芳調任桂陽州（今湖南郴州桂陽縣）同知。按明朝選官制度，進士中的一甲（三鼎甲）、庶吉士留翰林院工作，二甲在京師部院，三甲才去州、府、縣當地方官。一甲進士和庶吉士的前途非常光明，本身就是以翰林修撰（從六品）或翰林編修（正七品）起步的，在翰林院做個幾年，只要能發表點著作很快就能當上翰林學士（正五品），之後出為少卿（正四品），繼而正卿、侍郎（正三品），再下一步就是七卿（六部尚書、都御史，正二品）甚至登閣拜相。

明朝 163 位內閣大學士中，有 41 位一甲進士和 87 位庶吉士出身，占了總數的近八成，其中最快紀錄是彭時，明英宗正統十三年（西元 1448 年）戊辰科狀元，當時授翰林修撰，次年就入閣。所以焦芳堂堂庶吉士，在翰林院做了十幾年，最後得個外放知州，而且還是同知（知州的副職，知州從五品，同知從六品）的待遇，其憤恨可想而知。

不過弘治中興似乎又成了焦芳的轉折，萬安、彭華倒臺後，焦芳卻鹹魚翻身，透過南京官的途徑，轉了一圈又回到京師。焦芳畢竟有庶吉士這個學歷做後盾，回京後授太常少卿兼侍講學士，不久又升任禮部右侍郎。回到中樞的焦芳很快又暴露了秉性，他對首相劉健非常不滿，經常當眾詆毀謾罵劉健。劉健給禮部的批示檔案中有他不滿意的，就提筆抹去，並且不報告給尚書。

後來焦芳轉任吏部侍郎，時任吏部尚書馬文升是著名的直臣，與王恕、劉大夏合稱「弘治三君子」。焦芳經常在背後詆毀馬文升，並暗中勾結了很多言官，四處散布馬文升的壞話，想把馬文升擠下去自己好升官。明武宗登基後，官場風氣又為之一變，焦芳也敏銳地察覺到了環境的變化。有一次戶部尚書韓文與焦芳交談，說到財用不足，應該勸諫皇帝節儉，這也是當時士大夫普遍的言論。焦芳卻不走尋常路，他心知有廠衛正在監聽，於是故意說：「庶民家裡尚且需要花錢，何況皇帝？諺語說『無錢揀故紙』（沒錢就要想辦法從故

紙堆裡仔細揀選出來)。現在天下逃稅漏稅的何其之多,你們戶部不去好好檢索,卻在這裡損害皇上用錢的額度?」明武宗聽到非常高興,正好馬文升退休,立即超擢焦芳為吏部尚書。

從焦芳的種種做法可見,他算是明代文官的一個基因突變。本來明朝發展至弘治時代,已經形成了一套很成熟穩定的選官制度和官場風氣,既然大家都是透過考試進入到政府,那大家的慣性思維就都會認為升官也應該憑才華。至於詆毀他人,抬升自己的做法自然是受人鄙夷的,不過這種小人一般也無法通過嚴格的科舉考試,但明朝建立一百多年,總算也該出一個焦芳這種基因突變的品種了。其實出幾個突變品種本不可怕,可怕的是他們與劉瑾的完美結合,很快就會造成整個官場風氣的全面改變。

焦芳和劉瑾的第一次合作源於一次可恥的告密。明武宗登基不久,劉瑾就不斷向皇帝進言,諸如讓鎮守太監每人進獻一萬兩貢金、簽發鹽引作為太監的工作經費等。宰相劉健、謝遷、李東陽,戶部尚書韓文等與司禮監太監陳寬、李榮、王嶽等商議內外夾擊,除掉劉瑾。準備讓太監們先回去在明武宗面前說劉瑾壞話,第二天上朝文官們再發出致命一擊,置劉瑾於死地。

這個方案本來是不錯的,唯獨沒料到文官中出了焦芳這個叛徒。本來焦芳沒有參與此謀,但文官們設計的是九卿聯

5 劉瑾：閹黨的登場秀

　　名出劾，內閣附和的戰術，他作為九卿之首的吏部尚書需要來牽這個頭。其實以往也出現過某部尚書不願意承擔責任，臨陣退縮的情況（張鵬），但不至於提前告密，這次實未料遇到了焦芳這個變異品種。焦芳素來厭惡正直的文官，尤其深恨劉健、謝遷多次否決自己的意圖，這次抓住機會豈能不趁機出賣？焦芳緊急找到劉瑾，告訴他情況。劉瑾率「八虎」夜見武宗，逆轉了形勢，甚至將劉健、謝遷逐出內閣。

　　焦芳和劉瑾聯手第一戰便告捷，劉健、謝遷被逐後，焦芳順理成章地補進內閣，授文淵閣大學士。不過明武宗相當信任李東陽，留下沒走，並且晉升為少師兼太子太師、吏部尚書、華蓋殿大學士，占穩了首相之位。焦芳也絕非易與之輩，在劉瑾的大力支持下，於正德四年（西元 1509 年）也授予少師兼太子太師、吏部尚書、華蓋殿大學士，雖因入閣較晚，排名於李東陽之後，但官、職、差均到極限，創造了明朝歷史上唯一一次兩位華蓋殿大學士並列的特例。

　　焦芳能獲得這樣的特殊恩遇，是和劉瑾的鼎力支持分不開的，所以他也非常誠心地投於劉瑾門下。每次說到劉瑾，焦芳都要稱其為千歲，自稱是劉瑾的門下，裁閱奏章時都要充分考慮劉瑾的心意。劉瑾畢竟文化層次較低，很多政事不是很通，焦芳便大展其才，盡心為其理順。國家設立官制，本意是優選人才為國理政，這些閹人選拔出來的人才當然就是為閹人理政了，焦芳一個還不夠，需要更多的「人才」投在

5.3 墮落的閹黨宰相

劉公公門下,才能形成勢力。焦芳舉薦的第一個人才當然就是他兒子焦黃中了。焦黃中其實才華不錯,焦芳立志要讓他奪得狀元。但狀元豈是想拿就拿,最後焦黃中考中了第二甲第一名,其實也不錯,但沒考中庶吉士,焦芳很不滿意,去找劉瑾。劉瑾便替他想了個辦法,直接授其翰林檢討,不久晉為翰林編修,取得了相當於榜眼、探花或庶吉士的待遇。但焦芳依然憤恨難平,深恨主考官李東陽和王鏊不幫忙。

焦芳又向劉瑾舉薦了劉宇、曹元、張彩等人,都願依附在劉瑾門下做「閹黨」,劉瑾大喜,大肆提拔,很快形成了一個以他為核心的勢力團隊。劉瑾的思路非常清晰,他撈錢主要透過後宮,文官這邊經營的重點不是錢財,而是人事。他很清楚掌握了人事就掌握了權力的源頭,很多關節就可以替他的小太監們撈錢的行為保駕護航。焦芳入閣後需要更多的同黨來執掌吏部,閹黨分子魚貫而入。

劉宇算是劉瑾閹黨中比較搞笑的一個人,他的一些價值觀連閹黨都有點看不起。劉宇是成化八年(西元 1472 年)壬辰科進士,從知縣起步,後因犯錯被貶,但奇怪的是之後他又步步高昇,這可能是他賄賂了某些人的結果。劉宇性情狡詐,非常善於侍奉上級,為其隱藏奸狀。弘治中期,宰相劉健、吏部尚書馬文升等名臣屢屢提拔劉宇,一直當到右都御史,總督宣府、大同、山西軍務。到了這麼重要的邊鎮,劉宇考慮的不是保家衛國、建功立業,而是利用職權,走私販

5 劉瑾：閹黨的登場秀

賣策略物資，撈了不少錢，並用撈來的錢大肆賄賂權貴。兵部尚書劉大夏向明孝宗談及這個情況，明孝宗派錦衣百戶邵琪去祕密調查劉宇，不知為何卻被劉宇所知，重金賄賂邵琪，為其遮掩罪行。但最終明孝宗還是知道了情況，甚至委婉地批評了提拔過劉宇的劉健、馬文升等重臣，終弘治一朝，劉宇再未得升遷。

明武宗登基後，劉宇開始結交焦芳，並在他的引薦下投效了劉瑾。劉宇出手非常闊綽，劉瑾剛開始納賄時一般期望值不過數百兩的水準，劉宇初次見面便奉上萬兩，令劉瑾都大喜過望，連聲道：「劉先生怎麼對我這麼好呀？」對你這麼好當然是瞄著你的利用價值咯！很快，劉宇升任太子太傅、兵部尚書。焦芳入閣後，許進接替了他吏部尚書的職務。劉宇在劉瑾面前不斷說許進的壞話，最終將許進擠走，自己當上了六部之首的天官大塚宰（吏部尚書）。

然而，升了官，劉宇卻發現不如在兵部的時候實惠。尤其是文選郎中（吏部負責任免文官的司長）張彩也深得劉瑾厚愛，實際上才是閹黨頭號人物。《明史・閹黨列傳》中焦芳、張彩有本傳，劉宇、曹元這兩位宰相卻只有附於焦芳的附傳。官員的升遷任免張彩都直接向劉瑾、焦芳彙報，劉宇成了光桿司令。劉宇想到自己花了那麼錢，從兵部尚書改為吏部，現在卻撈不到錢，不由得鬱鬱道：「兵部本是極極好好的，何必跑到吏部來嘛！」

張彩其實才是劉瑾私下最喜愛的文官，只是起步比較晚。張彩是弘治三年（西元 1490 年）庚戌科進士，初任吏部主事。張彩為人巧媚，而且善於沽名釣譽，很多名臣都被他所矇蔽，非常喜歡他。有些給事中、御史彈劾張彩濫用職權，馬文升等名臣還為之辯護。正德後，劉瑾崛起，焦芳因為張彩是劉瑾同鄉，所以引薦給他。不巧有人舉薦張彩去陝西邊關任職，錯過了見面。後來總算見到了面，未料劉太監一見傾心，完全被張彩英俊白皙的外貌所傾倒，緊接著又被張彩的口才機巧所折服，緊握住張彩的青蔥玉手激動地說：「只是因為在人群中多看了你一眼，就得遇你這樣的神人！」當時吏部文選郎中的位置空出來，本來應該驗封郎中（吏部排名第二的司長，主管爵位、恩蔭等工作）石確頂上，已經通過了會推方式，吏部已經將任命的奏疏報上去了，劉瑾急令吏部將奏疏追回，改為張彩。張彩從此投身閹黨，一心侍奉劉瑾。

　　不久劉宇排擠走了許進，接任吏部尚書。劉宇深知張彩是劉瑾最寵信的文官，也非常注重巴結他，堂堂一個尚書，卻經常在一個郎官面前奴顏婢膝，官場的公共秩序已經被這些人的私黨關係攪亂。半年後，張彩升為右僉都御史，有一次和戶部右侍郎韓鼎一起上朝，拜謝時張彩拜起自如，好似體操王子般敏捷，韓鼎卻跪下後半天起不來。谷大用、張永等太監在旁看了竊笑，說劉瑾你怎麼就用這樣的廢物？劉瑾

5 劉瑾：閹黨的登場秀

有點不好意思。太監們接著又說張彩可真是風采英毅，男人中的極品，姐妹們──哦不──我們都好羨慕呢！劉瑾轉而大喜，第二天罷免了韓鼎，重用張彩，很快超擢為吏部右侍郎。

其實韓鼎是一位非常不錯的能臣，弘治年間多次直言進諫，不惜得罪權貴，一度將明孝宗皇后得罪得很慘，被皇后追著攻擊了許多年，所幸有聖君明孝宗一直庇佑，才得以繼續升遷。後來韓鼎任右通政使，駐在安平鎮（今河北香河），負責京畿的水利，離任後當地百姓為其建生祠祭祀，可見其愛民如子，政績卓著。但這樣一位好官，太監們卻以其手腳不靈活加以恥笑，繼而逐出朝堂。太監們看人的標準大致便是如此了，首要是為人巧媚，其次是相貌英俊，至於人品才華不在他們的考慮之內。其實以他們自身的知識水準也無法評判別人的才華高低。至於人品，恐怕他們實施的是逆向選擇，人品差的他們才喜歡吧。像張彩這種相貌好、人品差的巧言令色之徒正是太監們最愛的美男子。

為了繼續提拔張彩，劉瑾安排劉宇入閣，給張彩騰位置。張彩一年之間便從郎中超擢為尚書，而且還是六卿之首的天官大塚宰。張彩離開吏部前的同僚都還在原位，見到這位新尚書都惴惴不安。果然，張彩立即變了一張臉，對昔日同僚非常嚴厲，絲毫不留情面。這種巧言令色之徒都是這樣，對上位者極盡巧媚逢迎之事，一旦他到了上位，必然對

下級窮凶極惡。有時候非工作日，一些公卿有急事要找劉瑾，等很久都不得召見。張彩故意徐徐來，直入劉瑾的小閣，歡飲而出，才向眾人打招呼。一般人說到劉瑾，都尊稱為「劉太監」，唯獨張彩故意稱之為「老頭子」。漸漸地，大家都知道張彩和劉瑾關係確實不一般，以劉瑾的禮儀侍奉張彩。

美男子張彩除了貪錢，還非常好色，貪色的人往往比貪錢的人更難控制以權謀私的欲望。張彩當權時，賄賂他的金帛奇貨堆滿了他家門前的巷子，但他很少去理，只讓管家代收，自己專心漁色。張彩聽說撫州（今江西撫州）知府劉介娶了一位美妾，於是將其提拔為太常少卿，然後盛裝前往道賀，問：「你用什麼來報答我？」劉介惶恐道：「除了身體，都是公物。」張彩說：「沒錯呀！就是用身體呢！」別誤會，是指美妾的身體。張彩讓人直接入屋取了劉介的美妾，揚長而去。張彩又聽聞平陽（今浙江溫州平陽縣）知府張恕的小妾也很漂亮，就直接索取。張恕不肯，張彩指示親信御史劾其罪，判充軍。張恕連忙獻出小妾，才減免了罪責。至於想升官的人，只要賄賂到了位，張彩就寫一張紙條，指示親信舉薦，然後他在吏部通過，大量倖進之徒由此而入，同時這些人也都算加入了閹黨，成了他們一條線上的人。

隨著張彩這類新秀的不斷崛起，焦芳、劉宇之類的老閹黨都被擠到了邊緣，但這並不意味著貶官。劉宇能入閣相當

程度上是被張彩「擠」進去的，和他情況相似的還有曹元。劉宇從兵部尚書改為吏部時，曹元接替了兵部尚書之職，不久由於閹黨新秀王敞要當兵部尚書，於是劉瑾就安排曹元入閣，替王敞騰位置。劉宇、曹元整天在內閣沒正事可做，就飲酒諧謔打發日子。但這也正是當閹黨的好處，換成外人哪有被排擠升官的道理，被排擠早就罷官甚至被構陷下獄了。所以加入閹黨有這麼大好處，越來越多的人開始削尖了腦袋擠進這個行列，從最初的焦芳一位「閹黨宰相」開始，逐漸形成一個龐大的閹黨體系。大明官場的形勢也從噤若寒蟬的「紙糊三閣老、泥塑六尚書」演進為競相奔走閹黨門下，慢性病毒開始從病灶之內向帝國的整個身體蔓延。

5.4 被及時扼止的閹黨

其實劉瑾當權的時間也不長，前後五年而已，但形成的閹黨勢力不小。形成黨羽最主要的方法是授官給「自己人」，唐宋以來，中華帝國防止結黨的辦法就是硬性規定重要的官職必須由科舉入，誰當權也不能隨意分發官位。某些人想繞開這個障礙，嘗試發明了傳奉官之類的制度，但最終都歸於失敗。劉瑾現在面臨一個重大的理論課題：如何在科舉制度下構築閹黨勢力？劉瑾的解決方案是由易到難，先繞開文

官的正面防禦，從不受科舉制度限制的方面下手，比如軍官是由軍功，錦衣衛、中書舍人是由恩蔭，所以先從這幾者下手。

劉瑾先是利用鎮守太監出鎮邊關的機會，掌握邊鎮報功的環節，再跟兵部勾結（當時兵部尚書正是劉宇），專門替投靠閹黨的將校報功，劉瑾自己掌握著御印，不告訴明武宗，直接批准，這些虛報功勞而獲升賞的將校自然就成了閹黨成員。有一次虛報大同軍功，劉瑾一次性就超擢了一千五百六十多人。

另一條線是錦衣衛。錦衣衛設定當初的目的就是給一些功臣子女解決待遇，所以也不由科舉進。本來何種功臣家裡有多少名額，可授錦衣衛什麼職銜也是有規定的，但這種規定畢竟不如考試來得嚴格，也是由皇帝特旨直接授予，劉瑾便經常自己製作特旨，自己蓋了御印就發出去，授了數百名錦衣軍官。至於中書舍人是和錦衣衛相似，由恩蔭入的一種低階文官。唐宋的中書舍人是中書省的中層領導，六位中書舍人各代表中書省連繫尚書省的六部之一，非常高貴，但在明代僅僅是內閣的低階文員，處理文書雜務而已。朝廷給宰相公卿一些名額，每家可以出一兩位只能考上舉人、監生學歷的子孫來當這個小官，僅從七品，且屬於濁官，不能再往上升，只是給高官的一種蔭及子孫的福利。現在劉瑾把這些人違規升入清流之內，甚至有一些裝裱匠都獲得了官職。其

中最嚴重者，有一名文華殿書辦官張駿，僅以舉人學歷當到了禮部尚書。

　　繞不開的問題還是文官系統，這畢竟才是幹線，儘管文官皆由科舉入，入口是劉瑾掌控不了的，但考進來的這些文官也不可能個個都一帆風順，總有一些人遇到這樣那樣的問題導致升遷受阻。劉瑾便專門去找這種人，只要他願意投效就幫他升官。這個原理和胡惟庸專門去找那些犯了錯被明太祖責罰的開國功臣是一樣的，儘管一開始願意丟下廉恥投效閹黨的文官很少，但用心找還是會有的。焦芳就是第一個公然投效劉瑾的，以他為突破口，閹黨的勢力不斷拓展，深入到帝國肌體的每一個角落，最後逐漸形成了一個龐大的閹黨。

　　當然，太監這麼大力提拔這些文官，並不是真愛，只是需要他們在行政系統幫他們站臺，配合小太監們大撈特撈。有人可能忍不住要問，難道整個天下就都是閹黨了嗎？當然也不是，「閹黨」既然能得這麼醜陋的一個名稱，說明他們畢竟不是主流，不然他們掌握了話語權，斷然不會讓這麼醜陋的名稱流傳。閹黨分子畢竟只有幾十人，在約三千多人的進士隊伍中仍然顯得很渺小。閹黨一時得勢主要是依仗了有劉瑾這個大太監做後臺，更重要的是他們形成了勾結勢力。中國的政治傳統是不允許結黨營私的，所以三千多進士雖然占據了主要官位，但相互之間沒有抱團，這樣的官場上突然出

現一個緊密勾結的集團，一時容易受到他們的衝擊而已。閹黨擴大權勢，鞏固地位的方法無非就是相互拉攏，團結起來傾軋那些不願入夥的直臣，在大家都還沒充分意識到閹黨已經成形時，容易被打個措手不及。

最先遭到攻擊的是大學士劉健、謝遷，稀里糊塗就被逐出了內閣，不過李東陽頑強地留了下來，並且牢牢占據了首相之位。其後楊廷和、梁儲、費宏、蔣冕、楊一清等名臣相繼擔任公卿宰相，焦芳等人雖然升官很快，但其實也一直都處於這些名臣的強力遏制下，作惡有限。劉宇、曹元等人入閣後無所事事，一方面是他們自身才用不足，另一方面也是受到了正直文官們的遏制，確實無法施展。

閹黨當然也對直臣們進行過猛攻，劉瑾最恨的就是翰林官不聽他的話，經常直書他的過失，於是吹毛求疵地找翰林官在文字材料方面的紕漏，一旦找到就逐出翰林院。不過翰林官必須由一甲進士和庶吉士擔任，這個規定他無法做出太大改變，這些頂尖學歷的進士中願意投效閹黨的就更是少之又少了，焦芳這種畢竟是極端個例，所以劉瑾最終也未能實現掌控翰林院。

劉瑾及其閹黨也曾嘗試直接攻擊科舉這個制度，但更不成功。他們首先是從違規授予翰林編修做起，焦芳、劉宇的兒子都沒考中庶吉士，按制度不能留翰林院工作，劉瑾卻想辦法讓他們的兒子直接成為翰林編修，比老老實實先做三年

5 劉瑾：閹黨的登場秀

庶吉士的人還快。繼而閹黨又大搞籍貫概念，在官員中製造地域矛盾，以期在矛盾鬥爭中製造分裂，尋找可以拉攏的對象。劉瑾、焦芳驅逐了一些不合他們意旨的翰林官，另尋一些人來補充，禮部報了四個人選，結果一看都是浙江人，劉瑾說這不都是劉健的鄉黨嗎？這事是謝遷做的，他們在結黨！於是將劉健、謝遷削籍為民，四位浙籍官員也不得入翰林院。

有一個叛國賊蕭明舉，本是江西萬安人士，因犯罪叛逃到滿剌加（今馬六甲海峽一帶），混得不錯，居然混成了貢使，代表滿剌加大搖大擺地回中國來朝貢，結果一路上作奸犯科，終於有人認出他就是當年叛逃的蕭明舉，舉國譁然。焦芳藉機大做文章，說：「江西人就是這麼壞！彭華、尹直、李孜省這些妖人都是江西人，應該削減江西鄉試名額五十名，而且江西進士就不要當京官了，出去當縣令（唐代官職，指代明朝的知縣）。」劉瑾也受此啟發，為他的家鄉陝西和焦芳的家鄉河南增加名額。他們這些做法就是為了在讀書人中製造對立，伺機拉攏失敗者，所找的藉口都非常牽強。其實焦芳得意忘形後還說過更令人無法直視的藉口：「王安石禍害宋朝，吳澄為元朝當官，應該把他們的罪行製成榜，以後再也別亂用江西人啦！」

王安石是宋神宗（趙頊）朝宰相，南宋、明朝人大多認為他推行著名的王安石變法，禍亂了宋朝的朝綱，造成「新舊

黨爭」，導致了後來的「靖康之禍」，將其視為超級大奸臣。吳澄則是元朝的名臣。但為元朝當過官的漢人成千上萬，難道河南就沒人為元朝當過官嗎？焦芳這種說辭已經在侮辱所有人的智商了。看來他確實是個讀了不少書，懂不少歷史典故，但邏輯蠻橫無理，也就是俗話說的，書讀到狗肚子裡去了的那種人，難怪之前幸運地考取庶吉士，卻在翰林院受盡鄙夷。排名在焦芳之後的文淵閣大學士楊廷和（四川成都人）堅決不同意，站出來說：「因為一個賊人禍連一方，裁減名額已經很過分了。拿宋、元人物來說事，難道要併案審理嗎？」焦芳才勉強作罷。但焦芳也並沒有完，又作一幅《南人不可為相圖》獻給劉瑾，經常詆毀南方人，結果把很多同僚都貶得一文不值，最後驚喜地發現——原來全世界只有他一個好人呀！喜不自禁地說：「如今朝廷之上，誰還有我正直？」

　　焦芳、劉宇、曹元這些人都是在文官的內部競爭中失利，才選擇投效閹黨，他們自己也深明其理，所以找文字、籍貫等藉口在鄉試名額、選才用人等方面上下其手，目的就是在文官隊伍裡製造矛盾，把競爭變成鬥爭，伺機招攬更多的失敗者加入他們的閹黨。

　　劉瑾攻擊直臣的另一種做法則是矯詔訓斥大臣，劉瑾經常以皇帝的名義發一些詔旨訓斥大臣，大家也搞不清楚到底是明武宗本人的意思，還是劉瑾的意思。最嚴重的一次是明

5 劉瑾：閹黨的登場秀

　　武宗正德元年冬（正德元年主要在西元 1506 年，但此事發生在冬末，按陽曆計算已在西元 1507 年），劉瑾召集百官跪於金水橋南，宣示奸黨名單，包括宰相劉健、謝遷，尚書韓文、楊守隨、張敷華、林瀚，其下還有郎中、翰林、給事中、御史等近百人，都是當時最有正直名聲的人。這本是以皇帝名義釋出的詔書，但其實從頭到尾明武宗都沒出現過，也沒人能去向他求證到底是不是他自己的意思，很顯然是劉瑾矯詔攻擊直臣的一次成功應用。

　　除了名聲上打擊直臣，劉瑾還需要在肉體經濟上直接打擊，他發明了一種「用枷法」，即指使親信廠衛將一些得罪他的低階文官逮入詔獄，用枷鎖虐待，但又不弄死，休息好了送出去充軍，以此製造恐怖，促使膽小怕事的人不敢再揭露他。

　　另一種經濟上的打擊則是「罰米法」，即逮住官員的小過失，處罰大量金額，輸往邊鎮充作軍費。《明史》稱劉瑾創造了罰米法，其實也不準確。罰米法是太祖朝就定下的律令，而且在太宗朝應用頗多，當時還被法學界視為一種不錯的法制，既寬宥了罪人，又補充了軍費。劉瑾不是發明這種辦法，而是將此法濫用於私。他罰米的對象是針對那些不肯依附於他的清官，要把人罰得來傾家蕩產、賣兒賣女，實際成了他打擊報復的工具。至於罰得的錢表面上運往邊關，實際上是不是被他手下的鎮守太監貪墨了就無從得知了。已經退

休的尚書雍泰、馬文升、劉大夏、韓文、許進,都御史楊一清、李進、王忠都曾遭到此法的打擊,侍郎以下被罰得家破人亡的就更是數不勝數了。

以往太監作亂時,文官們最多是怯於鬥爭,對太監的惡行睜一隻眼閉一隻眼,但雙方很少起正面衝突,太監也不會主動進攻文官。現在劉瑾卻頻頻向文官發起猛攻,攻勢一浪高過一浪。而且這種進攻不是太監過於囂張,霸氣外露觸犯了文官,而是有意識、有計畫、有步驟地打擊文官系統,促使文官們倒向他的閹黨。所以歷史上將正德初年作為閹黨登場,並向正義發起進攻的一個危險時代。關鍵是很多肉體打擊的方法已經超出了常規的官場鬥爭範疇,很多戲曲文藝小說也將劉瑾的時代作為一個宦官亂政的黑暗歲月,很多和閹黨不屈鬥爭的故事都選擇正德初年作為時代背景。

當然,正如前文所說,劉瑾這些手段畢竟毀滅不了正義,當他對正義的衝擊達到一定程度時,人們自然會對他形成反擊。而且他自己也犯下了一個致命錯誤,導致他的閹黨一朝崩塌。

劉瑾當權不久,便進行了一個重大改革。以前邊關可以收繳一些外貿商人的關稅,雖然也要上交戶部,但戶部固定從這筆錢中列支一部分返還給上交的邊鎮充作軍費,鼓勵他們保護關稅。邊鎮一般也要開展屯田,按民田稅率上交戶部後,盈餘則可充作軍費,但屯田的具體畝數可能有一定的隱

5　劉瑾：閹黨的登場秀

匿。正德三年（西元1508年），劉瑾下令取消邊鎮關稅的固定返還，並且派人清查屯田畝數，隱匿的部分要補足。這極大地觸犯了邊鎮的利益，尤其是派往寧夏鎮的大理少卿周東，為了多清查出一些銀兩給劉瑾作謝禮，追查甚急，極大地觸怒了當地軍鎮，甚至藩王。

鎮守寧夏的藩王是安化王朱寘鐇，明太祖第十六子慶靖王朱㮵之後。由於劉瑾的動作極大觸犯了邊鎮的利益，甚至導致邊鎮軍費出現虧空，關鍵劉瑾確實把柄極多，很多人勸安化王以當年明太宗（當時鎮守北平的燕王）奉天靖難的格式，以「清君側，誅劉瑾」為號，起兵造反。安化王於明武宗正德五年（西元1510年）春，誘殺地方官，正式發檄起兵。當然，明太宗自身能以藩王造反成功，他自然早就注意到了這個問題，將藩王的權力限制得極低，他之後的藩王實際上是沒有能力造反的。安化王叛亂只用了18天就被地方官鎮壓，這場叛亂的真正意義是暴露了劉瑾的很多問題，因為安化王釋出的清君側檄文裡列舉了劉瑾的罪行，這些情況平時是到不了明武宗耳朵裡的，但這個檄文就再難瞞得過去了。

如果明武宗身邊的人拚命為劉瑾掩護或許還有一線生機，但這時劉瑾更大的一個漏洞卻同時暴露了出來，那就是在勢力擴張的過程中結了不少仇家，其中最致命的一個是他曾經的兄弟，「八虎」之一的張永。張永最初也是劉瑾黨羽，正德初年鎮守神機營，權勢也很大。但劉瑾逐漸發現張永不

是那麼貼他的心，於是在明武宗面前進讒言，想把他貶黜到南京去。但構陷太監和構陷文官可就不是一回事了，文官被你構陷了有時候無處伸冤，但人家是和你一樣的太監，你能在皇帝面前進讒言，人家一樣可以。張永直接到明武宗面前控訴劉瑾在害他，明武宗召劉瑾當面對質，兩個太監竟然在御前揮拳毆打。明武宗也只好讓另外的太監擺酒替他們說和。所以，劉瑾應該明白太監沒有讀書人那麼彬彬有禮。

安化王在寧夏叛亂，地方官當即鎮壓，但由於古代通訊不發達，朝廷仍征發了大軍出征平叛，由右都御史楊一清總督，張永監軍。兩人白跑一趟，回師時閒聊，楊一清說：「現在外亂已平，朝廷的內患怎麼辦？」並在手上畫了一個「瑾」字。張永明白其意，說：「此人日夜在皇上身邊，旁人無法進言，他的耳目也很廣，您看我們現在都只能打啞謎。」楊一清說：「張公也是皇上的親信，討賊不託付別人而託付給張公，足以表明我的心意，現在功成奏凱，趁機揭發劉瑾的奸惡，陳說海內怨恨，皇上必然聽信。殺了劉瑾，張公也可以更受重用。」張永見他不再打啞謎，也站起來說：「唉！老奴又怎能惜此餘年不報主呀！」

其實劉瑾又豈能毫無察覺，他也在準備迎擊張永。當時傳聞說劉瑾的哥哥劉景祥死了，劉瑾將在八月十五日舉辦葬禮，百官都會參加，劉瑾會趁機發動政變。張永原定的獻俘儀式也是八月十五日，劉瑾卻通知獻俘儀式延期，這很可能

5 劉瑾：閹黨的登場秀

是政變的先兆，至少對張永來說是非常危險的。於是張永果斷地提前入宮面見明武宗，舉行非正式的獻俘儀式。明武宗非常高興，賜酒給劉瑾、張永，自己也喝了不少。

及至深夜，劉瑾終於告退。這時張永才將安化王討劉瑾的檄文獻上，明武宗看了大驚，找不到為劉瑾辯護的理由。張永趁機又奏劉瑾不法諸事，並說寧夏之亂是被劉瑾故意激發的，他還圖謀不軌，將作更大的亂。明武宗喝得半醉，喃喃道：「劉瑾負我。」張永見奏效，連忙說：「逮捕劉瑾，事不可緩！」馬永成等太監也在一旁幫腔，明武宗醉醺醺地就同意了，下令連夜逮捕劉瑾。劉瑾還沒到家，抄家的人就追上了他。第二天，明武宗宣布貶劉瑾為奉御（從六品宦官），去鳳陽守陵。明武宗親自帶隊抄家，結果抄出來偽玉璽一枚，宮牌、衣甲、弓箭、玉帶等大量違禁物品。最關鍵的是，劉瑾常持在手中的兩把扇子，中間藏有匕首，劉瑾平時就拿著這兩把扇子天天在皇帝面前徘徊！明武宗大怒，將其下獄。劉瑾在獄中承認了諸多不法行徑，被判凌遲處死，活剮 3,357 刀後斷氣。很多人花錢競拍劉瑾的肉片祭奠被他害死的親人，甚至生吃洩憤。

劉瑾一死，閹黨轟然崩塌，劉瑾的親族、黨羽大多伏誅。更重要的是文官中投效了閹黨的無恥之徒，朝廷張榜公示閹黨分子，《明史·閹黨列傳》不惜筆墨窮舉了名錄：

內閣大學士有焦芳、劉宇、曹元。

5.4 被及時扼止的閹黨

尚書有吏部張彩、戶部劉璣、兵部王敞、刑部劉璟、工部畢亨、南京戶部張瀨、禮部朱恩、刑部劉纓、工部李善。

侍郎有吏部柴升、李瀚,戶部韓福,禮部李遜學,兵部陸完、陳震,刑部張子麟,工部崔巖、夏昂、胡諒,南京禮部常麟、工部張志淳。

都察院有副都御史楊綸、僉都御史蕭選。

巡撫有順天劉聰、應天魏訥、宣府楊武、保定徐以貞、大同張論、淮揚屈直、兩廣林廷選,操江王彥奇。前總督文貴、馬炳然。

大理寺有卿正張綸,少卿董恬,寺丞蔡中孚、張檜。

通政司有通政使吳釴、王雲鳳,參議張龍。

太常寺有少卿楊廷儀、劉介。

尚寶司有尚寶卿吳世忠,尚寶丞屈銓。

府尹有陳良器,府丞有石祿。

翰林院有侍讀焦黃中,修撰康海,編修劉仁,檢討段炅。

郎中有吏部王九思、王納誨。

給事中有李憲、段豸。

御史有薛鳳鳴、朱袞、秦昂、宇文鍾、崔哲、李紀、周琳。

其他郎署監司又十餘人。

共計六十餘人。

5 劉瑾：閹黨的登場秀

這六十餘人中，官最大的是三位「閹黨宰相」，但其實首惡恐怕當數張彩。張彩下獄，刑部準備以結交內侍的罪名起訴，這本來已經夠可怕了，後來劉瑾被定罪為謀反，刑部又準備起訴張彩同謀。美男子被活活嚇死在獄中，因為罪大惡極，死後還被戮屍於市，妻兒被流放海南。

其實除了張彩被嚇死，閹黨其餘人受罰並不重，大部分只是貶官處理。

焦芳貪了錢喜歡運回泌陽（今屬河南駐馬店）老家，修建了非常宏麗的府第。大盜趙鐩有一次搶劫了焦芳的府第，從窖藏裡發掘出大量金銀，將焦芳、焦黃中父子的衣冠掛在樹上，將其「斬首」，並說：「為天子誅此賊！」後來趙鐩被捕，臨刑時嘆道：「吾不能手刃焦芳父子以謝天下，死有餘恨！」但意外的是，由於焦芳的贓款都被趙鐩劫走，甚至連大宅都被趙鐩燒毀，後來劉瑾倒臺，焦芳硬說自己是清官，別人居然還真就找不到證據，這位最可恥的「閹黨宰相」居然得了善終，連劉瑾的姪孫劉二漢都憤憤不平地說：「我當然該死，但我家所作所為，都是焦芳和張彩做的，現在張彩和我被處極刑，焦芳卻屁事沒有，這不是天大的冤枉嗎？」他這話雖然不在理，但也道出了很多人的心聲——閹黨覆滅時，「閹黨宰相」居然還能得善終，確實天不開眼。

至於劉宇、曹元，在劉瑾倒臺時立即上表苦苦哀求，最後朝廷准許削籍為民，不再窮究。

還有一些閹黨分子反應迅速，劉瑾倒臺時立即加入了彈劾劉瑾的隊伍。吏科給事中李憲（與宋朝著名宦官同名）極盡諂媚劉瑾之能事，在同僚中則走張彩一樣的路線——到處炫耀自己和劉瑾關係很好。李憲每次與各科給事中一起面見劉瑾時，不按朝儀地站在最前，自封為「六科都給事中」，還經常揣著銀錠向同僚們炫耀：「這是劉公送我的！」劉瑾一倒臺，李憲立即彈劾了劉瑾六件事，事事切中要害，連劉瑾在獄中都被他氣得發笑。最終，李憲還是被作為閹黨一員被開除。

還有一些閹黨分子當時受貶，後又起復。比如通政左參議張龍，當時被貶為知州，後認錦衣都督同知朱寧為乾爹，逐漸升遷至登州（今山東蓬萊）知府，因為貪殘暴虐，與另外三位貪官被稱作「四害」，即便這樣他還是繼續升遷為右通政使。不過朱寧提拔他是為了讓他幫自己斂財，張龍卻從中謀取私利，被朱寧察覺，逐出門庭，失去了保護傘的張龍很快在嘉靖初年被論死。

劉瑾打造閹黨，目的還是在於擴大太監的勢力範圍，是一次從傳統的後宮勢力向牢固的文官系統入侵的嘗試。劉瑾的思路非常清晰，重點是要掌控文官系統的人事任免。小太監們是直接幫劉瑾撈錢的，但閹黨的首要問題則不是錢，而是人，掌握了官職升遷，才能聚集一眾黨羽合力撈錢。對於這些加入閹黨的文官而言，既然能過五關斬六將，高中進士，說明個個都

5 劉瑾：閹黨的登場秀

是飽讀詩書的儒士，和生理殘缺的閹人絕不在一個層次上，但面對權力的誘惑，他們中的有些人放下了尊嚴和廉恥，投效在宦官門下，換來了「閹黨」這個醜陋的名聲。

劉瑾雖然沒讀過什麼書，但其實智商不低，他的很多作法都表現出了極大的政治智慧，在理政治國上其實也靈光乍現。劉瑾在貪腐問題上所表現出的節制理性也足以令人驚嘆，他可以說是貪腐這個慢性病毒進化到明代中葉，一個極具里程碑意義的突變品種。事實上，劉瑾的敗亡根本不在於貪了多少錢，儘管他和他手下的小太監確實撈了不少，但客觀地說，這本身還不足以導致閹黨徹底崩盤。劉瑾真正的問題還在於他過分地為宦官收攏權力，已經觸及到了文官系統的根基，尤其是他不能使用傳奉官，所以輕微地破壞了科舉、館選、恩蔭等基本人事制度。但文官對此的敏感性遠遠超過普通的貪腐行為，哪怕是輕微破壞也容易引起文官的激烈反彈——尤其是當發現有一些通過了科舉考試的進士開始投效私人，而且不是個別，而是形成了群體時。所謂閹黨就是這個群體暴露在了公眾視野內，這時文官們，會以劉瑾這類人完全意想不到的爆發力，發起最猛烈的反擊。

隋唐以來的科舉制度本來是閹黨這類人的防火牆，以嚴格的考試防止一些賣身為奴的人投效在某些權貴私人門下（無論這個人是皇帝、權臣還是宦官），形成門閥勢力體系，但如果通過了考試的人還要投充為奴，防火牆就失效了。按

說這種機率很小，因為考上就有官當，不需要再去為奴為婢，整體風氣也不允許奴才高升。但隨著形勢的變化，尤其是當劉瑾這類權閹出現時，他的力量突破了這道唐宋以來就已經成為中華帝國最堅實政治根基的防火牆，遴選出焦芳、張彩等無恥之徒，甚至形成了所謂的「閹黨」，這不是劉瑾一個人的問題，也不是焦芳、張彩某個人的問題，而是象徵著科舉制度這個防火牆本身出了問題，這才是令文官儒士們最為緊張的癥結所在，所以劉瑾包括他之前的一些太監們在經濟方面大肆貪墨都得到了文官系統的寬宥甚至默許，但在這個問題上一旦輕微觸線，立即引來文官們志在必殺的猛攻，這也就是前文所說唐伯虎作弊一案其實比普通經濟犯罪嚴重得多的問題所在。

所以，劉瑾雖然是《華爾街日報》力捧的明朝首富，其貪墨數額震古爍今，但其真正的問題恰恰還不在於簡單的貪墨錢財，而是一個更加嚴重得多的問題。不過無論如何，劉瑾這次閹黨之禍，還勉強算是被及時扼止。

5.5　王陽明的龍場悟道

明武宗一朝，堪稱游龍戲鳳，文恬武嬉。其實朱熹子之後最偉大的一位聖賢，就在這個時代，他並不是默默地注視

著人類，而是非常積極入世，甚至可以說恰恰是在正德朝的疾風惡浪中悟道成聖。

他就是王陽明（王守仁）。

王陽明在明孝宗弘治十二年（西元 1499 年）己未科殿試中，考取了第二甲第六名的好成績，遺憾的是由於唐伯虎作弊一案，朝廷中斷了一屆庶吉士考選，失去了直接進翰林院工作的機會。作為新科進士實習半年期間，王陽明便就西北邊事條陳了八個事項，展現了在軍事方面的深刻見解。實習期滿，王陽明正式上任刑部主事，不久因請病假假了一段時間，回朝改為兵部主事。

王陽明回朝不久，朝中就發生了一件大事——劉瑾擅權用事，驅逐大學士劉健、謝遷，給事中戴銑等二十一人上章力陳不可。劉瑾將這二十一人逮入詔獄，準備治罪。這時，一位六品主事勇敢地站了出來，獨自一人上章要營救這二十一人。這就是王陽明。

當然，以王陽明當時的能量還遠遠不足以和劉瑾相抗衡，劉瑾將王陽明杖責四十，貶為貴州龍場驛丞。龍場在今貴州省貴陽市修文縣龍場鎮，離貴陽 38 公里，當時是漢、苗、僚等多個民族、部落雜居的地區，非常蠻荒。驛丞更是非常卑賤的未入流品官，主要負責迎來送往、車馬儀仗。清朝甚至規定滿人不得為驛丞，可見對這個職務的鄙視。而且劉瑾還派了人一路追殺，還好王陽明機敏，躲過了追殺，終

於順利到達龍場。

到了龍場後,王陽明並未因為仕途受挫就心灰意冷,而是繼續鬥志昂揚地工作。他在蠻荒地區主動擔當起了教化蠻夷的責任,迅速提高了當地的文明水準,讓夷民睜眼看世界,走出大山。當地夷民感恩戴德,他們不懂得中原建祠立廟的做法,便紛紛伐木為屋,送給王陽明住,以表感激之情。王陽明的工作既造福了一方生民,也為明王朝拓展鞏固統治基礎作出了重大貢獻。明朝的羈縻區非常大,但漢化水準一直很低,甚至一些宋代已經漢化的地區又退化成部落統治,相當程度上就是因為地方官不盡責,缺少王陽明這種深入蠻荒,教化夷民的奉獻精神。

而在龍場這個艱苦卓絕的環境中,王陽明既沒有怨天尤人,也沒有急於設法離開這個鬼地方,反而是靜下心來思索人生價值、宇宙哲理,結合之前的種種遭遇,現實與理論得到完美的結合,無數聖賢大道在他的心中流轉陰陽,融會貫通,終於達到超凡入聖的境界,成為宋明理學的一代宗師,與孔孟程朱比肩。後來王陽明替每位學生講學,都要講到這段獨特而又重要的經歷,稱之為「龍場悟道」。

所謂天將降大任於斯人也,沒有哪位偉人成長的道路是一帆風順的,那是屬於庸俗的享樂人生。孔夫子周遊列國,如喪家之犬,於切膚之痛中感悟凝成對人生宇宙的終極思索,以成至聖。朱熹子生在南宋,面對金甌殘缺,萬姓南

望,自身還被權相韓侂冑所逼,遭到「慶元黨禁」的打擊,學說被斥為「偽學」,但堅持不輟格物致知,終於貫通天地,成為一代聖賢,將人類的社會科學和自然科學都提升了一個重要層次。王陽明的悟聖之道也和他們一樣,首先要透過刻苦的攻讀,準備好理論基礎,然後透過切實的感悟將理論知識融入人生宇宙的大道中,知行合一,方能悟道成聖。

在清官和貪官的鬥爭中,貪官有時會一時得逞,將清官壓制住。但清官不能就此畏縮,也不能就此自暴自棄,這種磨練反而是對心性道理的一種提升。王陽明和張鵬同為進士,他們之間最大的差距不在於學識,而在於這種面對人生的心性。王陽明在龍場的出色工作,更向我們展示了一個基層小吏,只要心懷聖賢大道,身負治世絕學,哪怕是在再蠻荒的地方也能做出偉大的業績。我們常說的當官要有擔當,不在官位大小,哪怕是驛丞這種不入流的卑賤職務,一樣能把一身才華奉獻給社會。

王陽明的這種成績自然也會有回報,在龍場悟道五年後,王陽明轉任廬陵(今江西吉安)知縣,重回流內,後屢遷南京刑部主事、吏部驗封主事、吏部考功郎中、南京太僕少卿、鴻臚卿。明武宗正德十一年(西元 1516 年),兵部尚書王瓊舉薦王陽明為右僉都御史,巡撫南康、贛州(今江西南部),南贛屬於南嶺井岡山區,盜匪極多,王陽明大展軍事才華,剿平了很多稱王的大盜,晉升為右副都御史。

正德十四年（西元1519年），王陽明迎來了他軍事生涯的巔峰。寧王朱宸濠在南昌叛亂，占據了南康、九江等重鎮。王陽明率地方部隊僅用35天討平，生擒寧王。本來王陽明應該以寧王進行獻俘儀式，但貪玩的明武宗卻自封為威武大將軍，以「朱壽」之名出征，隨行的威武副將軍江彬、許泰，監軍太監張忠等近臣想搶功，而且他們都受過寧王的賄賂，怕王陽明揭發他們，於是合謀誣王陽明與寧王勾結，見寧王不行了才翻臉把寧王抓起來。

後來他們發現這故事編不圓，又想出一個主意讓王陽明先把寧王放了，然後讓明武宗親自去抓一次。王陽明知道他們壞點子多，於是提前找到明武宗親信太監張永，讓他代表皇帝接受寧王獻俘，並趕往南昌覲見。張忠、許泰已經先到，見了王陽明很不高興，煽動京軍刁難他。誰知王陽明與京軍親如兄弟，京軍皆稱讚王都堂的美名，不再去刁難他。

許泰、張忠見了王陽明，陰陽怪氣地問：「寧王富甲天下，他的積蓄現在在哪兒？」暗指被王陽明私吞了。王陽明不慌不忙答道：「朱宸濠把錢都拿來送給京師要人，約為內應，這是可以回去調查的。」許泰、張忠沒想到被戳中軟肋，嚇得大氣都不敢出。他們又尋思王陽明是個文儒，必然不會武功，於是非要讓他當眾表演射擊，想讓他出醜。王陽明徐徐站起，三發三中。觀摩的數萬京軍歡聲雷動，許泰、張忠更加沮喪。近臣們還想方設法不讓王陽明與明武宗見面，引

誘他作出一些錯誤動作，想誣衊他要趁皇帝出巡謀反。但王陽明問心無愧，一概不上當，明武宗也說：「王陽明是道學大家，怎麼會謀反？」所以真正的讀書人不要怕那些沒文化的奸人，只要修持自身，你懂的境界他不懂，其實他是鬥不過你的。

不光是這些奸臣，還有一些正直的重臣也頗忌憚王陽明的大功。王陽明的文名當代第一，現在又有軍功卓著，確實令旁人心忌。首相楊廷和堪稱一代名相，但就是不太喜歡王陽明。論功行賞時，王陽明獲封特進光祿大夫（正一品階官）、柱國（從一品勛官）、世襲新建伯（爵位）。明朝對爵位控制很嚴，必須立戰功才能封爵，文臣官再大也不行，王陽明是明朝僅有的三位文臣因軍功封爵的例子（他之前有兩位是靖遠伯王驥、威寧伯王越）。但不知為何，朝廷卻不頒發世襲鐵券給他，也沒有兌現一千石的歲祿。對此，王陽明剛開始很憤怒，但很快又一笑了之，聖人的境界豈能容不下人間的這些許小動作。明世宗嘉靖六年（西元1527年），廣西又爆發了土酋盧蘇、王受叛亂，總督姚鏌不能平定，朝廷又只好請出55歲的王陽明以左都御史、總督兩廣兼巡撫前往平叛，這一次才總算補齊了拖欠的鐵券、歲祿。

討平兩廣的這次叛亂後，年邁的王陽明退休回家。明世宗嘉靖七年十一月二十九日卯時（西元1529年1月9日8時），在路過南安（今江西大餘）時病卒。彌留之際，弟子問

他有何遺言,他只說:「此心光明,亦復何言!」江西境內的軍民皆穿著麻衣為他戴孝。王陽明卒後追贈新建侯,諡文成,明神宗萬曆十二年(西元 1584 年)從祀孔廟。

從理學的角度講,王陽明是哲人、偉人、聖人,但從職業生涯來講,王陽明和萬千官吏一樣,同是官場中人。他的仕途還比一般人更加坎坷,考上進士便被唐伯虎作弊案影響,沒有機會考選庶吉士,授官後又立即遇到劉瑾當權的黑暗時代,他本人也觸怒了劉瑾,一度被貶至蠻荒,甚至經受過劉瑾追殺這樣的重大危險。王陽明的仕途,很大部分時間是在和貪官猾吏作鬥爭,他也遭受了大量不公正待遇,甚至後期連楊廷和這樣的名相似乎也不給他好臉色看,真的是全世界與我一個人作對?

即便如此,王陽明也並沒有成為一個憤世嫉俗的憤青,更沒有怨天尤人,而是繼續用一身才華在自己的職位上發揮著光和熱,並且不斷完善昇華內心的境界。貪與廉的鬥爭是殘酷的,也是磨人心性的。我們在現實中經常遇到這樣的人,號稱自己看了很多社會官場的陰暗面,看多了就什麼都不信了。這其實不是見多識廣,沒什麼值得賣弄的,這只是心性不堅而已。還有一些人在現實中受了一些不公正待遇,就感到委屈,以至怨天尤人,痛斥社會黑暗,官場腐敗,不再值得為之奮鬥,從此自暴自棄。這一類的典型就是張鵬,這種人值得同情,但絕不值得四處兜售。

5　劉瑾：閹黨的登場秀

　　其實很少有人受到的不公正待遇能超過王陽明，但王陽明也並沒有就此自暴自棄。別說什麼王陽明是聖人，在這個問題上他恰恰很有平常心，生擒寧王後封爵，朝廷不給鐵券歲祿，王陽明也一時「憤甚」，只不過憤歸憤，他沒有就此成為憤青，而是繼續好好做官，直到七年後朝廷又需要用到他時，自然就能拿回自己應得的待遇。在這個問題上王陽明比不上大義凜然的岳飛、于謙，更像是一個普通官僚，只不過他更善於調整自己的心態，始終清醒地認識到自己的才華應該用在何處，而不是糾結於所謂的待遇，才能做到始終不忘初心，知行合一。

　　正與邪、貪與廉、善與惡的鬥爭其實很不公平，因為這種鬥爭對正義的一方不光是肉體、仕途的危險，更是心性的磨難，置身其中經常會讓人倍感憂鬱，難以為繼。但王陽明向我們很好地展示了處處遇到心障時，應該如何調整心態，灑脫上路，不忘初心地繼續前行。王陽明在逃脫劉瑾追殺後，逃上海船，又遇海嘯，疾風惡浪之中他寫下了這首〈泛海〉，希望能與那些正在為正義負重前行的人們共勉：

險夷原不滯胸中，何異浮雲過太空？
夜靜海濤三萬里，月明飛錫下天風。

5.5 王陽明的龍場悟道

國家圖書館出版品預行編目資料

冰火大明——鐵血與貪欲：從明太祖肅貪四大案到劉瑾專權，由清廉開端至全面腐敗 / 黃如一 著. -- 第一版 . -- 臺北市：崧燁文化事業有限公司，2024.08
面； 公分
POD 版
ISBN 978-626-394-644-6(平裝)
1.CST: 明史 2.CST: 通俗史話
626.09　　113011287

電子書購買

爽讀 APP

冰火大明——鐵血與貪欲：從明太祖肅貪四大案到劉瑾專權，由清廉開端至全面腐敗

臉書

作　　者：黃如一
發 行 人：黃振庭
出　版　者：崧燁文化事業有限公司
發 行 者：崧燁文化事業有限公司
E - m a i l：sonbookservice@gmail.com
粉　絲　頁：https://www.facebook.com/sonbookss/
網　　址：https://sonbook.net/
地　　址：台北市中正區重慶南路一段 61 號 8 樓
8F., No.61, Sec. 1, Chongqing S. Rd., Zhongzheng Dist., Taipei City 100, Taiwan
電　　話：(02) 2370-3310　　傳　　真：(02) 2388-1990
印　　刷：京峯數位服務有限公司
律師顧問：廣華律師事務所 張珮琦律師

-版權聲明-

本書版權為淞博數字科技所有授權崧燁文化事業有限公司獨家發行電子書及紙本書。若有其他相關權利及授權需求請與本公司聯繫。
未經書面許可，不得複製、發行。

定　　價：350 元
發行日期：2024 年 08 月第一版
◎本書以 POD 印製
Design Assets from Freepik.com